Konzentrationsschwäche

urania

Dr. Helmut Weyhreter

Konzentrations-schwäche

Wie Eltern helfen können

Über den Autor

Dr. Helmut Weyhreter arbeitet als Psychologe seit vielen Jahren beim psychologischen Dienst der Universitätsklinik Ulm. Er befasst sich dort insbesondere mit Kindern mit Lern- und Schulleistungsproblemen und deren Familien.

Bibliografische Information der Deutschen Bibliothek: Die Deutsche Bibliothek verzeichnet diese Publikation in der Deutschen Nationalbibliografie; detaillierte bibliografische Daten sind im Internet über http://dnb.ddb.de abrufbar.

Umschlaggestaltung: Behrend & Buchholz, Hamburg
Umschlagbild: zefa/creasource
Redaktion: Jeanette Stark-Städele
Satz: Roland Poferl Print-Design, Köln
Druck: Westermann Druck, Zwickau
Printed in Germany

ISBN 978-3-7831-6102-1

Inhalt

Vorwort

Liebe Leserin, lieber Leser,

Konzentrationsschwierigkeiten bei Kindern scheinen ein Merkmal unserer Zeit zu sein. Viele Kinder sind sprunghaft und lassen sich ständig ablenken. Diese mangelnde Ausdauer wird spätestens in der Schule oft zum Problem: Weil das Kind nicht bei der Sache bleiben kann – und sich oftmals auch nicht anstrengen mag –, bleiben seine Leistungen hinter seinen Fähigkeiten zurück.

Viele Untersuchungen zeigen, dass Konzentrationsstörungen als die häufigste Lernschwierigkeit bezeichnet werden. In den vergangenen Jahren hat die Zahl der Kinder, die Ärzten, Kinderärzten und Psychologen wegen Konzentrationsstörungen vorgestellt wurden, zugenommen.

In der Konzentrationsschwäche sehen die Eltern oft die Ursache für schlechte schulische Leistungen ihres Kindes: „Wenn sich unser Kind nur intensiver mit der Schule und den Aufgaben beschäftigen würde, hätte es bestimmt auch bessere Noten."

Doch so einfach ist es nicht!

Die Konzentrationsfähigkeit eines Menschen ist keine isolierte Fähigkeit, die man schnell hervorzaubern kann; es handelt sich vielmehr um komplexe Vorgänge, bei denen äußere Einflüsse eine wesentliche Rolle spielen. Natürlich lässt sich das Konzentrationsvermögen trainieren; viel wesentlicher ist es jedoch, die vielfältigen Faktoren zu berücksichtigen und gegebenenfalls zu verändern, die das Leben eines Kindes bestimmen. Konzentration und Aufmerksamkeit sind keine unabhängigen Teilaspekte, die losgelöst betrachtet werden können. Sie können nur im

Zusammenhang der Verhaltenssteuerung und der Persönlichkeit des Kindes und in Verbindung mit seiner Umwelt verstanden werden. Dabei spielen auch die schulischen Bedingungen eine Rolle.

Viele der als Konzentrationsprobleme bezeichneten Schwierigkeiten, insbesondere im Bereich der Schule, lassen sich viel besser aus einer anderen Ursachenperspektive erklären, z. B. durch Bereiche wie

- geringe Leistungsmotivation
- reduziertes Interesse an bestimmten Lerninhalten
- mangelnde Begabung
- ungünstige familiäre Bedingungen
- ungünstiges Schulklima
- Teilleistungsstörungen usw.

Diese Zusammenhänge werden in vorliegendem Ratgeber erklärt. Denn der Konzentrationsschwäche liegen bei jedem Kind andere Ursachen zugrunde. Diese gilt es zunächst aufzuspüren und hier möglichst Veränderungen vorzunehmen. Erst dann kann das Kind durch ein gezieltes Training zusätzlich in seinen Konzentrationsleistungen gefördert werden. Für die Eltern bedeutet dies, dass ihnen eine ganz besondere Verantwortung zukommt. Sie müssen bereit sein, ihr familiäres Umfeld zu hinterfragen und vielleicht auch lernen, die Ansprüche an ihr Kind zurückzuschrauben. Doch ergibt sich daraus auch die Chance, nicht nur die Konzentrationsprobleme des Kindes zu bewältigen, sondern auch zu einem entspannteren und harmonischeren Familienleben zu finden.

Dr. Helmut Weyhreter

Anmerkung

Der besseren Lesbarkeit wegen wird in diesem Buch immer nur die Berufsbezeichnung „Lehrer“, „Arzt“, „Therapeut“ usw. verwendet und nicht jeweils auch die weibliche Form angeführt.

1. Kapitel

Wie äußern sich Konzentrationsstörungen?

Manche Kinder fangen ständig etwas Neues an und bleiben nie bei einer Sache. Aber auch die ruhigen Träumer können Probleme mit der Konzentration haben.

Mal abgelenkt, mal unaufmerksam

Eltern haben oft das Gefühl, dass ihr Kind weit mehr leisten könnte, wenn es sich nur richtig konzentrieren würde.

Wenn ein Kind tausend Dinge anfängt und nichts zu Ende bringt, wenn es nicht richtig zuhört und ständig etwas vergisst oder plötzlich selbst nicht mehr weiß, was es gerade noch tun wollte –, dann ist es wohl nie so richtig bei der Sache. Doch es gibt auch die „ruhigen Träumer", die kein Chaos veranstalten und weniger auffallen, aber in ihren schulischen Leistungen zurückbleiben. Auch ihr Verhalten schreibt man einer mangelnden Konzentration zu.

Konzentrationsstörungen können sich also auf vielfältige Weise äußern. Zum Problem werden vor allem folgende Merkmale:

- rasches, flüchtiges Arbeiten
- viele Fehler
- mangelnde Aufmerksamkeit
- langsames Arbeitstempo
- schnelle Ermüdung
- Wegträumen und Abschweifen

Mangelhafte Schulleistungen

Zum Problem werden die Ablenkbarkeit und die Unkonzentriertheit eines Kindes vor allem in der Schule. Die betroffenen Kinder fielen häufig schon im Vorschulalter auf. Sie konnten sich nicht ausdauernd selbst beschäftigen, fingen ständig Neues an oder bekamen einfach nichts „auf die Reihe". Doch oft machen sich die Eltern erst dann ernsthaft Sorgen, wenn ihr Kind in der Schule schlechte Leistungen erbringt und seine Aufgaben nur unvollständig, schlecht oder gar nicht erledigt. Dann können sich die Eltern oft nicht vorstellen, woran das liegt, und das Kind wird einem Fachmann vorgestellt.

Auszüge aus dem Abschlusszeugnis der 2. Klasse

Adrian, 9 Jahre alt, 3. Klasse

Adrian kann den Inhalt von Lesetexten gut erfassen. Fragen schriftlich zu beantworten, fällt ihm aufgrund seiner großen Schreibprobleme schwer. Seine Schrift ist etwas flüssiger geworden. Er braucht noch viel Übung, um flüssiger schreiben zu können und die Buchstaben eines Wortes in die richtige Reihenfolge zu bringen. Entsprechend kann er keine ausreichenden Rechtschreibleistungen erbringen. Die Wortarten kann er nicht unterscheiden. In Mathematik kann er Einmaleins-Aufgaben lösen. Mechanisierbare Rechenvorgänge beherrscht er im Zahlenraum bis hundert. Manchmal verdreht er Ziffern bei zweistelligen Zahlen. Adrians Konzentrationsschwierigkeiten, seine begrenzte Merkfähigkeit und seine verzögerte und lückenhafte Aufnahme beeinträchtigen seine schulischen Leistungen sehr. Obwohl er an Förderkursen teilnimmt, ist es wahrscheinlich, dass er das Klassenziel nicht erreicht.

So oder ähnlich stellen sich die aktuellen Schwierigkeiten für nahezu alle Kinder dar, die wegen Konzentrationsproblemen an einer Beratungsstelle oder beim Kinderarzt vorgestellt werden.

Lehrer, insbesondere aber auch die Eltern des Kindes, führen diese erwartungswidrigen Leistungsergebnisse oft ausschließlich oder zu einem großen Teil auf eine Störung der Konzentration zurück. Es wird also deutlich, dass der Vorstellungsgrund „Konzentrationsstörung" zunächst einmal nur auf einer Vermutung basiert, dass mangelhafte Konzentration die Ursache für mangelhafte Schulleistungen sein könnte.

Manchmal erzielt ein Kind auch durchaus altersentsprechende, durchschnittliche Leistungen in der Schule; die Eltern vermuten aber, dass es wesentlich bessere Leistungen erzielen könnte, wenn es in der Lage wäre, sich konzentrierter und ausdauernder mit den Anforderungen zu beschäftigen. Auch dieses Zurückbleiben hinter den Erwartungen führen sie häufig auf mangelhafte Konzentration zurück. Oft befürchten Eltern in dieser Situation, dass ihr Kind den Wechsel an eine weiterführende Schule nicht schafft.

Was versteht man unter Konzentration?
Unter „Konzentration“ wird die Fähigkeit eines Menschen verstanden, seine Aufmerksamkeit auf ganz bestimmte, eng umschriebene Bereiche zu bündeln – wie ein Scheinwerfer sozusagen. Konzentration bedeutet, Energie auf einen Bereich auszurichten und diesen dann intensiv zu bearbeiten. Konzentration hat also etwas mit der Fähigkeit zur gezielten Anspannung und Auswahl zu tun. Die Begriffe „Aufmerksamkeit“ und „Konzentration“ werden oft gleichbedeutend verwendet.

Immer unkonzentriert?

Viele „unkonzentrierte“ Kinder können sich durchaus ausdauernd mit manchen Dingen beschäftigen –, wenn sie ihnen Spaß machen.

Die Beeinträchtigung der Konzentrationsfähigkeit kann von Kind zu Kind sehr unterschiedliche Formen annehmen; sie kann sich auch bei dem gleichen Kind in verschiedenen Formen zeigen, je nachdem, womit es sich beschäftigt. Allgemein wird davon ausgegangen, dass Kinder sich insgesamt in allen Bereichen immer weniger konzentrieren können. Das trifft aber keineswegs auf jedes Kind zu. Es gibt viele Kinder, bei denen sich nur in sehr spezifischen Bereichen, z. B. nur bei schulischen Leistungsanforderungen, beim Hausaufgabenmachen oder nur beim Rechnen, Konzentrations- oder Ausdauerprobleme zeigen, während sie beim Spielen oder bei selbst gewählten Aktivitäten

(Basteln, mit Lego bauen, Malen, Briefmarken sammeln usw.) sehr ausdauernd sind.

Konzentrationsstörungen und geringe Ausdauer treten bei Kindern selten generalisiert auf. Sie sind meist nur in bestimmten Situationen zu beobachten. Häufig sind sie mit Leistungsanforderungen verbunden.

Warum verweigern sich Kinder in Leistungssituationen?

In Leistungssituationen werden im Vergleich zu selbst gewählten Beschäftigungen in einem größeren Maße Anforderungen an Genauigkeit und Ausdauer gestellt. Darüber hinaus haben viele Kinder in den Leistungsbereichen bereits viele Male Misserfolge erlebt. Schon dadurch sind sie kaum bereit, sich damit auseinander zu setzen.

Der Leistungsdruck ist für viele Kinder ein sehr großes Problem.

Unruhig oder verträumt?

Konzentrationsgestörte Kinder lassen sich leicht ablenken. Das haben sie alle gemeinsam. Doch nach außen können sie vollkommen unterschiedlich wirken. Die einen fallen sofort durch ihre Unruhe und ihr oft störendes Verhalten auf. Andere werden oft gar nicht als konzentrationsgestört erkannt, weil sie einfach still vor sich hinträumen. Entsprechend dieser Verhaltensweisen lassen sich vereinfachend zwei Typen von konzentrationsgestörten Kindern unterscheiden:

- der aktiv-impulsive Typus und
- der passiv-gedankenverlorene Typus.

Sowohl bei den ruhigen wie bei den aktiven Kindern fällt auf, dass sie meist oberflächlich und fehlerhaft arbeiten.

Konzentrationsstörung vom aktiv-impulsiven Typus

Charakteristisch für das Kind ist ein impulsives Vorgehen; es nimmt sich sehr wenig Zeit, um z. B. Vorlagen zu überprüfen, arbeitet oft hastig, zeigt wenig gesteuertes Verhalten. Aufgaben werden nur sehr oberflächlich erledigt und nicht überprüft. Handlungsplanung findet kaum oder ungenügend statt. Letztlich ist vieles fehlerhaft und oft in der äußerlichen Gestaltung ungenügend. Das Kind unterbricht Aufgaben oft und ist auch rasch frustriert, wenn Aufgaben nicht gleich zu lösen sind. Es hat schon enorme Schwierigkeiten, sich mit Aufgabenstellungen zu beschäftigen, und will sie nach Möglichkeit vermeiden. Oft sind diese Kinder auch leicht ablenkbar. Im Unterricht können sie durch die Beschäftigung mit unterrichtsfremden Inhalten stören. Sie fallen auch dadurch auf, dass sie vieles vergessen, dass sie die Hausaufgaben nicht aufschreiben usw. Auf der Verhaltensebene dominieren einerseits vorschnelles Reagieren, geringe Ausdauer, andererseits ist das Kind nicht gern bereit, Verantwortung zu übernehmen. Auf der emotionalen Ebene zeigt es oft Unlust und geringe Frustrationstoleranz.

Konzentrationsstörung vom passiv-gedankenverlorenen Typus

Dieses Kind trödelt und gilt als verträumt. Es braucht lange, bis es an eine Aufgabe herangeht, und noch länger, bis es diese erledigt hat. Es scheint oft in Gedanken abzuschweifen und sich wenig konzentriert mit den Inhalten zu beschäftigen. Dies geschieht aber weniger, weil es impulsiv reagiert, sondern weil es sehr langsam wirkt. Es bündelt seine Aufmerksamkeit nicht, sondern hängt offensichtlich auch anderen Gedanken nach. Es lässt sich oft durch äußere wie innere Reize ablenken. Das Kind hängt gern Tagträumen und Gedanken nach, die es hindern, sich mit den Leistungsinhalten zu beschäftigen. Es wird oft mit seinen Aufgaben nicht fertig. Es kann in der vorgegebenen Zeit nur einen Teil erledigen – und der ist nicht selten fehlerhaft.

Die genannten Verhaltensbesonderheiten müssen natürlich nicht immer in genau dieser Form auftreten, sie stellen vielmehr die Grundtypen der Konzentrationsstörung bei Kindern dar.

Konsequenzen mangelnder Konzentration

Konzentration, Aufmerksamkeit, Ausdauer und damit verbundene Verhaltensweisen wie Leistungsmotivation, Disziplin (Arbeitshaltung), aber auch Höflichkeit sind in den letzten Jahren wieder mehr in den Blickpunkt öffentlicher Aufmerksamkeit gerückt. Viele Betriebe beklagen bei Jugendlichen fehlendes Wissen und besonders eine unzureichende Arbeitshaltung. In seriösen Medien wird inzwischen von 20 % nicht ausbildungsfähiger Jugendlicher eines Jahrganges ausgegangen. Diesen Jugendlichen scheinen grundlegende Fertigkeiten der Arbeitsdisziplin zu fehlen. Es fällt ihnen schwer, über einen längeren Zeitraum „bei der Sache“ zu bleiben. Sie zeigen zu wenig Verantwortung für ihr Tun und werden als unzuverlässig, nachlässig und zu sehr auf persönliche Vorteile bedacht beschrieben. Manchen verfügen nicht einmal über grundlegende Kenntnisse des sozialen Umgangs. Viele halten wenig Frustration aus, wollen wie Erwachsene behandelt werden, sind aber andererseits nicht in der Lage, Verantwortung zu übernehmen. Zwar scheinen sich diese Verhaltensbesonderheiten bei weniger qualifizierten Schulabgängern zu häufen, doch kann man sie in-

Konzentrationsstörungen können eine weitreichende Wirkung auf das spätere Leben haben.

zwischen fast schon als ein vom Schulabschluss unabhängiges Phänomen ansehen. Die Folgen und Gefahren für die Jugendlichen selbst, aber auch für die Gesellschaft, sind offensichtlich. Selbstverständlich gibt es auch Kinder, die irgendwann während ihrer Schullaufbahn „vernünftig“ werden. Meist wird dies durch die Konfrontation mit der Realität verursacht und somit durch ein besseres Verständnis der Zusammenhänge. Allerdings besteht bei vielen Kindern, die früh in ihrer schulischen Karriere solche Verhaltensbesonderheiten zeigen, die Gefahr, dass die problematische Arbeitshaltung ohne Einwirken von außen fortbesteht und damit die berufliche sowie die soziale Eingliederung erheblich beeinträchtigt, was sich schließlich auch auf die Lebensqualität auswirkt.

2. Kapitel

Kindheit im Konsum

In ihrem Alltag lernen Kinder kaum noch, sich anzustrengen und Bedürfnisse aufzuschieben. Doch in der Schule sind Leistungsbereitschaft und Ausdauer gefragt.

Ein Leben im Überfluss

Jede Gesellschaft ist ständig im Wandel begriffen. Diese Veränderungen sind, wenn man sie von Jahr zu Jahr betrachtet, meist nur gering und fallen für den einzelnen Menschen kaum ins Gewicht. Überblickt man allerdings einen größeren Zeitraum, so ist die Bedeutsamkeit dieses Wandels vor allem für unser Verhalten unübersehbar. In den letzten 50 Jahren hat sich in unserer Gesellschaft sehr vieles verändert. Ganz wesentliche Merkmale dieser Veränderungen betreffen vor allem den Konsum und den Einzug der Technik in den Lebensalltag der Familien; dies hat eine erhebliche Verhaltensänderung nach sich gezogen. Täglicher Fernsehkonsum, Audio-, Videokassetten, CDs und Ähnliches sind aus dem Lebensalltag unserer Kinder nicht mehr wegzudenken. Das bleibt natürlich nicht ohne Einfluss auf ihre Entwicklung.

Angebote schaffen „Bedürfnisse"

Kinder wachsen heute in einer konsumorientierten Umwelt auf. Das hat weitreichende Folgen für ihre Persönlichkeitsentwicklung.

Viele Kinder leben heute im Überfluss. Sie werden geradezu überschüttet mit Spielsachen. Die Werbung redet ihnen ein, dass man bestimmte Artikel braucht, um mit anderen mithalten zu können: Spielsachen, CDs, später dann Kleidung und Kosmetika und vieles andere mehr. Die Bedürfnisse wachsen mit dem Angebot. Es fällt Eltern zunehmend schwer, hier Grenzen zu setzen und gegenzusteuern.

Die gesellschaftlichen Veränderungen prägen Kinder in entscheidender Weise. Insbesondere bei kleinen Kindern muss aufgrund der Vielfalt des Angebots und dem alltäglichen Konsum der Eindruck entstehen, dass alles leicht, ohne viel Anstrengung, erreichbar ist. Es gibt schon im Vorschulalter viele Kinder, die einen eigenen Fernseher oder eine Stereoanlage besitzen, ganz zu schweigen von einer Masse von Spielsachen, die oft nur wenige Male benutzt und dann ausgemustert werden. Kinder haben heute sehr viele Dinge, die sie gar nicht brauchen.

Konsum als Selbstzweck

Wenn man die heutige Situation mit dem vergleicht, was Kindern zu Beginn der 50er- und 60er-Jahre zum Spielen zur Verfügung stand, so wird die Entwicklung in den letzten 50 Jahren allzu deutlich. Beeinflusst wird die Konsumorientierung auch noch dadurch, dass die Zahl der Kinder pro Familie immer weiter abgenommen hat.

Kinder beziehen ihr Selbstwertgefühl immer stärker aus materiellen Dingen, aus dem, was sie „haben", und nicht aus ihrer Originalität und Kreativität.

Heute verfügt ein einzelnes Kind über so viel Spielsachen wie früher drei Geschwister miteinander – Eltern und Großeltern sorgen dafür. Die ständige Werbung tut ein Übriges dafür, dass die Bedürfnisse der Kinder nach Nachschub wach gehalten werden.

Der eigentliche Nutzen dieser Artikel bzw. Spielmaterialien scheint immer geringer zu werden. Er steht vor allem in keinem Verhältnis zum Wert der Materialien. Das Ganze wird durch eine Industrie angekurbelt, die am Konsum von Kindern und Jugendlichen verdient. Ständig werden neue Trends entwickelt für die massiv geworben wird. Kinder stehen heute immer mehr unter Druck, vor allem durch das Bedürfnis, sich nicht von den anderen zu unterscheiden. Sie wollen nicht zurückstehen, ob es nun um Kleider oder um Dinge geht, die gerade „in" sind – beides bedeutet Selbstwertsteigerung.

Das vergangene Jahrzehnt ist stark gekennzeichnet durch Konsum; er ist für viele Menschen Lebenszweck und Lebensinhalt. Besonders typisch in unserer heutigen Gesellschaft ist auch die ständige Suche nach Neuem, nach Spaß und Unterhaltung.

Veränderte Wertmaßstäbe und Lebensvorstellungen

Aufgrund der vielen Angebote fällt es Kindern heute sehr viel schwerer, sich mit etwas ausdauernd zu beschäftigen.

Es ist nicht zu übersehen, dass diese Veränderungen und Entwicklungen einhergehen müssen mit einem Wandel der Bedürfnisse und Motivation bei Kindern und Erwachsenen. Die Lebenswelten der 50er- und 60er-Jahre haben selbstverständlich ganz andere Motive, Bedürfnisse, Lebens- und Wertvorstellungen bei Kindern und Heranwachsenden geweckt als unsere heutige Zeit. Kinder haben heute wenig Ruhe und Muße. Eine hektische, sich ständig verändernde Angebotswelt lässt keine Zeit, sich auf eine Sache richtig einzulassen.

Die Angst, etwas zu versäumen

Es ist bei der Vielzahl von Angeboten auch schwierig, keine Angst zu haben, etwas zu versäumen. Es gibt heute sehr viele Möglichkeiten, sich zu beschäftigen, Freude zu haben, kurzfristig vielleicht sogar erfolgreich zu sein. Es ist also durchaus verständlich, wenn ein Kind diese Vielzahl von Chancen wahrnehmen will. Und es wird deutlich, warum es Kindern schwer fällt, sich längerfristig mit bestimmten Inhalten zu beschäftigen; dies gilt vor allem, wenn diese nicht rasch zu den erwarteten Erfolgen führen. Gibt es doch genügend andere, die Befriedigung und Freude bringen, ohne dass man dafür viel Anstrengung aufwenden muss.

Sich anstrengen ist „out"

Diese vielfältigen Möglichkeiten, sich ohne eigene Anstrengung abzulenken und Spaß zu haben, sind charakteristisch für das Konsumerleben in unserer Zeit. Und hier liegt eine wesentliche

Ursache für die Konzentrationsprobleme vieler Kinder. Denn Konzentration lernt man von klein auf in der Bemühung, immer schwierigere und neue Aufgaben in Alltag und Spiel zu bewältigen. Doch dieser Alltag und das kreative Spiel werden immer ärmer. An die Stelle eigenen Tuns und Bemühens treten Erlebnisse aus zweiter Hand durch Fernsehen, Video und Computer.

Wann lernen Kinder heute im Alltag noch, sich auch einmal anzustrengen und „durchzubeißen“?

Diese Medien bieten in hervorragender Weise Möglichkeiten der raschen Befriedigung ohne viel Aufwand. Das Kind muss nicht viel tun, lediglich die Fernbedienung benutzen, und schon kann es abtauchen in eine bunte Welt, die zudem durch Werbung ständig neue Wünsche weckt.

Sich anstrengen, selbst etwas zustande bringen – das ist für viele Kinder etwas völlig Fremdes. Doch in der Schule heißt es dann: Dran bleiben an einer – vergleichsweise langweiligen – Sache. Wie sollen Kinder das schaffen, wenn sie es nie gelernt haben?

Eltern haben es unter solchen Bedingungen sehr schwer, ihren Kindern zu vermitteln, dass es sich lohnt, sich z. B. in der Schule anzustrengen. Die Lebenswirklichkeit der Kinder sieht anders aus. Sie vermittelt, dass alles leicht zu haben ist. Jüngere Kinder können überhaupt nicht durchschauen welche Anstrengungen die Eltern auf sich nehmen müssen, um ihre Wünsche zu erfüllen und den Lebensunterhalt zu verdienen. Sie kennen die Härte des beruflichen Alltags nicht. Deshalb kann man sie mit solchen Argumenten auch gar nicht erreichen.

Kinder orientieren sich an dem, was sie Tag für Tag erleben und das sind vor allem Konsum und Vielfalt. Das Konsumangebot beeinflusst also die Leistungsbereitschaft und damit auch die angemessene Konzentration auf eine Tätigkeit in erheblicher Weise. Kinder müssen lernen, mit diesem Angebot umzugehen.

Familien verändern sich

Immer mehr Scheidungen gefährden die emotionale Stabilität vieler Kinder.

Parallel zur Konsumorientierung der Kinder haben sich auch die Alltagsbedingungen der Familien erheblich verändert. Es gibt immer mehr unvollständige Familien und allein erziehende Elternteile. Damit verbunden sind immer mehr Scheidungen, von denen die Kinder in ganz besonderer Weise betroffen sind.

Eine Scheidung hat verschiedene Folgen für ein Kind. Sie bedeutet – nicht erst beim Vollzug der Trennung – viel Unsicherheit und Angst. Diese emotionale Belastung erlaubt es meist nur sehr eingeschränkt, sich mit schulischen Inhalten zu beschäftigen. Das Kind ist zu sehr mit seinen Eltern und sich selbst beschäftigt. Es kann die zur Erbringung von Leistungen notwendige Konzentration und Ausdauer nicht aufbringen. Vielen Kindern gelingt es in der Folge der Trennung ihrer Eltern nur allmählich, mit den geänderten Bedingungen (Besuchsrecht, neue Partner der Eltern, wirtschaftliche Verschlechterung, häufiges Alleinsein usw.) zurechtzukommen. Häufig fallen sie durch diese Belastungen in ihren schulischen Leistungen erheblich zurück.

Kinder unter Leistungsdruck

Vielen Kindern geht es heute materiell viel besser als in den vergangenen Jahrzehnten; Kinder sind heute wesentlich häufiger als in den zurückliegenden Jahren auch geplant. Die Eltern haben sich meist ganz bewusst für ein Kind entschieden und haben aber auch oft sehr klare Erwartungen an die weitere Zukunft dieses Kindes. Sie planen dessen schulische Karriere und erwarten zumindest einen Realschulabschluss. Dadurch setzen sie sich selbst, aber auch das Kind, unter einen nicht unerheblichen Druck. Dieser wird durch die volkswirtschaftliche Situation unseres Landes noch zusätzlich erhöht. Ständig steigende Arbeitslosigkeit auch bei Jugendlichen macht Angst, das eigene Kind könnte schon früh in den Strudel von Arbeitslosigkeit und wirtschaftlicher Not geraten. Diese Ängste und Erwartungen führen Eltern oft zu mehr oder weniger massiven Eingriffen in das Lernverhalten ihres Kindes. Sie lernen z. B. schon von Beginn der Schulzeit an regelmäßig mit dem Kind, üben zusätzlich, bezahlen ihm Nachhilfe usw.

Eltern haben hohe Erwartungen an die Leistungsergebnisse ihres Kindes.

Dem gegenüber steht aber die Tatsache, dass Kinder im Alltag gar nicht gelernt haben, sich anzustrengen. Leistung, so scheint es, ist nur in Zusammenhang mit Schule und Beruf gefragt. Doch wenn ein Kind das Sichanstrengen und Bemühen nicht von klein auf um ihrer selbst willen gelernt und erfahren hat, wird es nun mit Sicherheit Probleme geben. So besteht die Gefahr, dass Eltern die Möglichkeiten ihres Kindes überschätzen und es damit überfordern. Die Folgen sind Unlust und häufig Konzentrationsstörungen.

Erziehung – wozu?

Ein deutlicher Wandel lässt sich auch feststellen, wenn man sich mit Eltern über ihre Erziehungsziele unterhält und über die Werte, die sie ihren Kindern vermitteln möchten. Disziplin, Dankbarkeit, Bescheidenheit, Höflichkeit, Fleiß und Sparsamkeit scheinen heute nicht mehr von Bedeutung zu sein. Noch vor wenigen Jahrzehnten mussten Kinder schon im Alltag lernen, dass sie nicht alles haben können. Sie erfuhren, dass Bedürfnisse nicht immer sofort befriedigt werden konnten und dass es dauerte, bis ein Wunsch erfüllt wurde. Sie lernten auch, dass man nur mit einer gewissen Hartnäckigkeit an ein Ziel

Eltern sind in ihren Erziehungszielen und in ihrem Erziehungsverhalten häufig selbst auch orientierungslos.

kam und es notwendig war, sich dafür anzustrengen. Viele dieser genannten Erziehungsziele wirken heute recht antiquiert und verstaubt. Wenn Eltern nach Erziehungszielen gefragt werden, können sie oft spontan kaum äußern, welche Wertvorstellungen sie für ihre Kinder anstreben. Die genannten Ziele gehören aber ganz sicher für die wenigsten dazu.

Erziehung bedeutet, Werte zu vermitteln, die wichtig sind, um sich in der Gesellschaft zurechtzufinden.

Erziehung hat immer etwas mit der Vermittlung von Werten zu tun, die dem Dasein Sinn geben. Aus den Werten abgeleitete Regeln geben dem Leben des einzelnen Struktur und helfen ihm, sich in die Gesellschaft zu integrieren und die an ihn gestellten Aufgaben zu bewältigen. In unserer Gesellschaft wird man diese Aufgaben ohne ein gewisses Maß an Leistungsbereitschaft, Höflichkeit, Pflichtgefühl, Verantwortlichkeit und Disziplin nicht befriedigend lösen können. Je älter ein Kind wird, je mehr es an Verantwortung übernehmen muss, umso bedeutungsvoller wird die Befolgung der Regeln der Gesellschaft für das Gelingen oder Scheitern seines Lebens sein.

Es wird nicht ausreichen, die Beachtung von Werten und Regeln (z. B. durch Kritik: „Du sollst …“) einzufordern. Die Eltern müssen sie vielmehr im Alltag vorleben. Die Einstellung, die die Eltern bewusst oder unbewusst vermitteln, wird die Entwicklung von Arbeitsdisziplin, Eigenverantwortlichkeit, Ehrlichkeit usw. des Kindes entscheidend beeinflussen.

So können Eltern z. B. nicht von ihrem Kind erwarten, ausdauernd und sorgfältig zu arbeiten und seine Schulhefte ordentlich zu führen, wenn sie selbst vieles in ihrem Alltag „liegen lassen“, notwendige Arbeiten aufschieben oder gar nicht machen. Eltern können nicht erwarten, dass ihr Kind sich für Literatur interessiert, wenn sie selbst nicht lesen. Eltern dürfen nicht erwarten, dass ein Kind sich ausdauernd mit einem Hobby beschäftigt, wenn sie selbst den größten Teil ihrer Freizeit vor dem Fernseher verbringen und keinen Interessen nachgehen.

Nehmen Sie sich einmal Zeit, und machen Sie sich bewusst, welche Werte Ihnen wichtig sind, welche Werte Sie Ihrem Kind vermitteln möchten, welche Werte Ihrem Kind helfen, sich verantwortlich, leistungsorientiert, ausdauernd und konzentriert zu verhalten. Wie leben Sie diese Werte vor? Wie vermitteln Sie Ihrem Kind, dass es wichtig ist, sich anzustrengen und dass es seine Angelegenheiten verantwortlich zu Ende bringt?

Veränderungen benötigen Geduld und Zeit.

Wie fällt Ihre Analyse aus? Was kann beibehalten werden, was sollten Sie ändern? Veränderungen sind in der Regel nicht einfach und oft langwierig. Wenn irgend möglich, sollten bei diesem Prozess beide Elternteile mitarbeiten. Wenn Sie zu dem Schluss gekommen sind, dass eine Veränderung notwendig ist, holen Sie sich unbedingt Unterstützung (z. B. bei einer Erziehungsberatungsstelle, einer Elterngruppe oder einem Erziehungskurs).

Warum es Kindern heute schwer fällt, sich zu konzentrieren:
Kinder lernen schon im Kleinkindalter, Konsum als wesentlichen Lebensinhalt zu begreifen. Sie lernen rasch, dass es sehr leicht ist, Dinge zu konsumieren, dass es angenehm ist und Spaß macht. Kinder lernen auch sehr bald, dass es keines besonderen Aufwands bedarf, sich viele materielle Dinge zu verschaffen. Die Eltern bieten ihnen oft wenig Widerstand, weil sie selbst zu sehr im Alltag beansprucht und oft rasch genervt sind. Es fällt damit schon kleinen Kindern sehr schwer, Bedürfnisse zurückzustellen.
In der Schule sind aber Leistung und Anstrengung gefragt. Und so werden Kinder oft zu Beginn der Grundschulzeit von den Anforderungen, die die Schule stellt, überrascht und gleichzeitig überfordert. Sie haben die Grundvoraussetzung, sich zu konzentrieren und ausdauernd mit Aufgabeninhalten zu beschäftigen, nicht gelernt.

Kinder benötigen Halt und Struktur

Eltern erscheinen angesichts einer Vielfalt von Umweltangeboten einerseits und aufgrund des Fehlens von klaren Erziehungsrichtlinien andererseits oft sehr unsicher, was sie von ihren Kindern verlangen können. Sie wissen nicht sicher, welche Anforderungen sie stellen können, ob und welche Grenzen sie setzen sollen. Die veränderten Lebensbedingungen, die Berufstätigkeit beider Eltern, die zunehmende Anzahl getrennt lebender Elternteile, berufliche Belastung, wirtschaftliche Zwänge, die Angst vor Arbeitslosigkeit, aber auch das Konsumverhalten der Erwachsenen selbst ziehen für viele Kinder eine zunehmende Orientierungslosigkeit nach sich. Sie haben wenig Halt und Struktur. Das aber ist notwendig, um sich erfolgreich mit den Anforderungen des Erwachsenwerdens auseinander setzten zu können.

3. Kapitel

Die Leistungsbereitschaft: Wer will, der kann?

Wer etwas zustande bringen will, muss sich anstrengen. Dabei spielt die Motivation eine entscheidende Rolle.

Was bedeutet Leistungsmotivation?

Für konzentriertes Arbeiten ist eine angemessene Leistungsbereitschaft unabdingbar.

Der Begriff der Motivation, vor allem bezogen auf Leistungssituationen, spielt in der Psychologie eine zentrale Rolle. Wenn man nach der Motivation eines Menschen fragt, möchte man wissen, warum er ein bestimmtes Verhalten zeigt. Bezogen auf Leistungssituationen stellt sich die Frage, warum z. B. ein bestimmtes Kind bereit ist, sich mit Schwierigkeiten auseinander zu setzen, hartnäckig bei der Sache bleibt und möglicherweise verschiedene Anläufe macht, um Aufgaben zu lösen, während ein anderes Kind schon sehr rasch aufgibt, Hilfe unter Umständen gar nicht erst in Anspruch nehmen will oder Lösungen nur sehr oberflächlich bewerkstelligt.

„Leistungsmotivation“ bedeutet die Auseinandersetzung mit einem bestimmten Gütemaßstab. Es geht darum, bezüglich eines Verhaltens mindestens gleich gute, möglichst sogar bessere Leistungen zu erzielen als bisher, oder im Vergleich mit anderen Menschen gleiche oder bessere Ergebnisse zu erzielen.

Erfolg und Misserfolg

Die Motivationsforschung hat gezeigt, dass es verschiedene Aspekte gibt, die entscheidenden Einfluss auf die Leistungsbereitschaft des Menschen haben.

Eine ganz wichtige Rolle spielt dabei die Hoffnung auf Erfolg bzw. die Angst vor Misserfolgen. In Abhängigkeit von den Erwartungen, die ein Kind an das Ergebnis seines Tuns hat, wird es mit großer Wahrscheinlichkeit entweder leistungsorientierte Aufgaben suchen oder vermeiden.

Ein Kind, das wiederholt in bestimmten Situationen versagt hat, wird wahrscheinlich zukünftig versuchen, diese Situationen zu vermeiden. Es drückt sich vor Aufgaben, die ein weiteres Versagen bedeuten können. Ein Kind, das in bestimmten Leistungssituationen erfolgreich war, wird meist versuchen, weiteren Erfolg zu ernten. Es sucht also neue Aufgaben, die Erfolg versprechen. Es ist nahe liegend, dass die genannten Aspekte viel mit Selbstvertrauen und Selbstwertgefühl zu tun haben.

Hoffnung auf Erfolg und Angst vor Misserfolg sind bestimmend für das Selbstvertrauen eines Kindes. Sie spielen eine entscheidende Rolle für eine der Aufgabenstellung angemessene Leistungsbereitschaft. Sie werden wesentlich dafür sein, ob ein Kind sich in einer bestimmten Situation anstrengt – und damit auch konzentriert und ausdauernd arbeitet – oder ob es rasch aufgibt.

Wichtig ist, dass Eltern ihrem Kind von klein auf immer wieder Erfolgserlebnisse ermöglichen. Das ist durch altersgemäße Aufgaben möglich, die den Fähigkeiten eines Kindes angepasst sind. Das kann „nebenbei“ bei alltäglichen Verrichtungen geschehen, die das Kind zunehmend selbst bewältigt. Aber auch kreative Betätigungen, von Basteln über Malen bis zu Geschichten-Erfinden, sollten die Eltern fördern und würdigen.

Die bisherigen Erfolge oder Misserfolge bestimmen wesentlich die Leistungsbereitschaft des Kindes.

Der Anspruch an sich selbst

Wir alle haben bestimmte Ansprüche an uns selbst. Das ist bei Kindern nicht anders. Schon im frühen Lebensalter lassen sich bei Kindern unterschiedliche Anspruchsniveaus bezüglich der zu erbringenden Leistungen feststellen. Der Anspruch, den jemand an seine Leistung hat, hängt sicherlich auch mit der genannten Hoffnung auf Erfolg bzw. mit Angst vor Misserfolg zusammen.

Das Anspruchsniveau eines Kindes beeinflusst seine Leistungsbereitschaft.

Ein Kind kann sich sehr geringe Ansprüche stellen und damit natürlich auch die Wahrscheinlichkeit beeinflussen, ob es erfolgreich oder nicht erfolgreich ist. Andererseits gibt es auch Kinder, die sehr hohe Ansprüche stellen und sich damit selbst unter Druck setzen. Hohe Ansprüche kann ein Kind manchmal gar nicht erfüllen; sie sprechen unter Umständen für eine eher unrealistische Anspruchshaltung.

Eigenverantwortung

Wenn ein Schüler in einer Klassenarbeit eine schlechte Note erzielt hat, so muss er dies nicht zwangsläufig auf ungenügende Fähigkeiten zurückführen. Grundsätzlich gibt es zwar die Möglichkeit, mangelnde Fähigkeit für das Scheitern verantwortlich zu machen. Das Kind kann aber auch zu dem Schluss kommen, dass es sich zu wenig auf die Klassenarbeit vorbereitet hat oder dass die Aufgaben zu schwierig waren. Oder dass die anderen in der Klasse unglücklicherweise besser waren und dadurch der Notendurchschnitt verbessert wurde. Oder dass es einfach an diesem Tag Pech gehabt hat oder der Lehrer das Kind nicht mag und es ungerecht bewertet wurde.

Die Möglichkeiten, die eigenen Leistungsergebnisse völlig unterschiedlichen Ursachen zuzuordnen, sind also sehr vielfältig.

> Die Art und Weise, wie Kinder ihre Erfolge und Misserfolge erklären, beeinflusst ihre Leistungsbereitschaft erheblich. Das Gefühl, selbst für das eigene Tun verantwortlich zu sein, beeinflusst die Aufmerksamkeit und Ausdauer in einem ganz entscheidenden Ausmaß.

So können sich Kinder z. B. für Erfolge voll verantwortlich fühlen, während sie Misserfolge auf andere Umstände zurückführen, wie Pech oder Zufall, aber nicht auf mangelnde Anstrengungsbereitschaft. In Untersuchungen stellte man fest, dass Erfolgsmotivierte ihren Erfolg häufig auf eigene Fähigkeiten, aber auch auf intensives Bemühen zurückführen, während weniger Erfolgsmotivierte die Ergebnisse stärker auf die Aufgabenschwierigkeit oder die äußeren Umstände wie Glück oder Pech zurückführen.

Kinder versuchen oft, die Ursachen mangelnder Leistungen nicht bei sich, sondern in „unglücklichen" Umständen zu sehen.

Wie entwickelt sich Leistungsmotivation?

Das erste Lebensjahr

Die Leistungsmotivation hängt in ihren frühen Anfängen entscheidend von der geistigen Entwicklung des Kindes ab. Ein Kind muss zunächst in der Lage sein, mit Gegenständen so umzugehen, dass Effekte produziert werden (es muss z. B. eine Rassel bedienen und damit Geräusche hervorbringen können, Bauklötzchen aufeinander schlagen usw.). Zu solchen Handlungen sind Kinder schon im ersten Lebensjahr fähig.

- Kinder haben Freude an der Wirkung ihres eigenen Tuns; sie sind deshalb auch aus eigenem Antrieb bemüht, etwas zu tun, um solche Effekte zu erreichen.
- Kinder zeigen auch schon sehr früh den starken Willen, alles selbst machen zu wollen.

Insbesondere die Neigung des Kindes, alles allein zu machen, ist vielen Eltern nur allzu gut in Erinnerung. Oft zeigen Kinder dieses Verhalten schon lange, bevor sie richtig reden können. Sie strapazieren nicht selten die Geduld ihrer Eltern, da sich viele Alltagshandlungen sehr in die Länge ziehen.

Doch es sind vor allem diese beiden Eigenheiten, die sie in späteren Jahren befähigen, sich anzustrengen und sich möglichst wirkungsvoll mit ihrer Umwelt auseinander zu setzen.

Ein nächster wichtiger Schritt besteht darin, dass das Kind in der Lage sein muss, die Auswirkung seines Verhaltens auf seine eigene Person zurückzubeziehen und diesen Zusammenhang als persönliche Tüchtigkeit oder Untüchtigkeit zu erleben.

Zwei bis vier Jahre

Viele Untersuchungen zeigen, dass geistig normal entwickelte Kinder schon im Alter von zweieinhalb bis dreieinhalb Jahren Erfolgs- und Misserfolgserlebnisse haben. Sie sind besonders bei kleinen Kindern meist mit sehr starken Gefühlen verbunden, die sich oft in Wutausbrüchen äußern. Weil diese Wutausbrüche so heftig und meist nur schwer zu kontrollieren sind, bereiten sie den Eltern in der Regel einiges Kopfzerbrechen. Sie zeigen jedoch das Bemühen eines Kindes, sich erfolgreich mit den Anforderungen der Umwelt auseinander zu setzen.

In dieser Altersstufe beginnen sich auch Umwelteinflüsse, d. h. vor allem Erziehungsbedingungen, stärker auszuwirken. Wenn Eltern ihr Kind also ständig hemmen oder ihm alles abnehmen, wird es immer weniger bereit sein, sich selbst zu bemühen.

Vier bis fünf Jahre

Im Alter von etwa viereinhalb bis fünf Jahren lassen sich bei Kindern deutliche Unterschiede beim Lösen von Aufgaben feststellen. So zeigen manche Kinder großes Vertrauen, sich an neue Aufgaben heranzuwagen. Sie sind ausdauernd und strengen sich stärker an, wenn sie beim ersten Versuch scheitern. Andere geben rasch auf, reagieren hilflos oder bitten sofort um Hilfe.

Die Förderung der Leistungsbereitschaft

Das Kind birgt von klein auf den Willen zur Leistung in sich. Es kommt für die Eltern also darauf an, diese Bereitschaft des Kindes zu unterstützen. Förderlich ist dabei eine Erziehung, die das Kind in seinem eigenen Tun und Ausprobieren bestärkt und es nicht ständig in seinen Möglichkeiten beschneidet.

Selbstständigkeit führt weiter

Es wurde bereits beschrieben, dass die Selbstständigkeit, nach der Kinder von Geburt an streben, eine wesentliche Vorbedingung für ihre Leistungsbereitschaft darstellt. Kinder suchen von sich aus die Auseinandersetzung mit der Umwelt, wollen sich also aus eigenem Antrieb selbst verbessern. Die Umwelt – das ist in den ersten Lebensjahren vor allem die Familie und danach zunehmend auch die Gruppe von Gleichaltrigen mit der das Kind Kontakt hat – spielt aber für die Ausformung der Leistungsbereitschaft eine ganz wichtige Rolle.

Eltern fördern die Entwicklung der Leistungsbereitschaft, wenn sie das Bemühen ihres Kindes, etwas selbst machen zu wollen, unterstützen. Wenn sie ihm die Zeit zum Erproben geben und es für seine Fortschritte angemessen loben. Die Förderung der Selbstständigkeit beschränkt sich selbstverständlich nicht nur auf die Vorschulzeit. Sie ist in jeder Altersstufe von herausragender Bedeutung für die Entstehung von Verantwortlichkeit und Anstrengungsbereitschaft – und somit von Konzentration und Ausdauer.

Die Eltern beeinflussen die Entwicklung und die Leistungsbereitschaft ihres Kindes.

Unterstützung meint allerdings nicht, dass dem Kind sofort bei jeder kleinen Schwierigkeit Hilfe gegeben wird. Es ist vielmehr wichtig, dass es nach eigenen Lösungswegen sucht und allenfalls Tipps erhält, in welcher Richtung Lösungen gesucht werden können.

Fördern Sie die Selbstständigkeit Ihres Kindes

Ein Kind, dem beim Erledigen der Hausaufgaben ständig geholfen wird, kann keine Verantwortlichkeit für sein schulisches Tun erwerben. Eine zu strikte Erziehung zur Selbstständigkeit wiederum kann aber auch hemmend sein, wenn sie die Möglichkeiten des Kindes überfordert. Denn dann erlebt das Kind immer wieder Versagenssituationen.

Erziehung zur Selbstständigkeit

- In der Familie sollte genügend Zeit sein, um dem Kind Raum zur Erprobung eigener Lösungsversuche zu geben.
- Die Eltern sollten dem Kind Rückmeldungen über seine Bemühungen geben und vor allem kleine Schritte anerkennen. Sie verstärken so weitere Bemühungen, geben ihm Hoffnung auf zukünftiges Gelingen, machen Mut und fördern somit seine Selbstständigkeit.
- Das Klima in der Familie sollte von gegenseitiger Wertschätzung und Gefühlswärme getragen sein.
- Die Familie sollte dem Kind genügend Anregungen bieten, sich mit Problemen auseinander zu setzen und seine Neugier für Neues wecken.
- Die Familie sollte dem Kind auch Grenzen setzen, ihm Struktur und Orientierung in einer unübersichtlichen Umwelt bieten.

„Erziehung zur Selbstständigkeit“ meint vor allem, dass Eltern ihr Kind in dem Bemühen unterstützen, sich mit seiner Umwelt und den dort auftretenden Problemen altersgemäß auseinander zu setzen und eigene Lösungen zu erproben.

Gemeinsam statt allein

Selbstverständlich spielt auch die Leistungsbereitschaft der Eltern eine wichtige Rolle für die Entwicklung von Anstrengungsbereitschaft und Motivation des Kindes. Die Haltung, möglichst gut zu arbeiten und sein Bestes zu geben, wird aber in der Regel nicht einfach durch das Modell der Eltern von den Kindern übernommen. So erleben viele Eltern, die selbst hart arbeiten, dass ihre Kinder keineswegs eine ähnliche Leistungsbereitschaft erkennen lassen. Im Gegenteil: Nicht selten erlebt man hier eine „Null-Bock-Einstellung" und die Kinder wollen es ganz anders machen als die Eltern.

Kinder nehmen sich leider nicht immer ein Beispiel an der Leistungsfähigkeit ihrer Eltern.

Es kommt also auch noch auf andere Faktoren an, wie Zeit und Zuwendung. Das Klima in der Familie muss von Vertrauen, emotionaler Wertschätzung und Wärme getragen sein. Es muss genügend Zeit vorhanden sein, sich über die Bedürfnisse der Familienmitglieder auszutauschen. Kinder müssen die Möglichkeit haben, über das, was sie alltäglich erleben, zu berichten. Und es muss vor allem jemand da sein, der sich dafür interessiert und ihnen zuhört. Die Anforderungen des Erwachsenwerdens sind nicht einfach; es gibt deshalb auch kaum einfache Lösungen. Kinder und Jugendliche brauchen Unterstützung durch ihre Eltern, damit sie eine angemessene Anstrengungsbereitschaft und die Fähigkeit zur Übernahme von Verantwortung entwickeln können.

Kinder brauchen Anleitung

Wir leben im Zeitalter der Information. Fernsehen, Computer, Internet, Literatur bieten ständig eine große Menge von Informationen, zu denen Familien in sehr unterschiedlichem Ausmaß Zugang haben. Kinder wachsen mit diesen Möglichkeiten zwar auf, aber ob und wie sie sie nutzen, hängt nicht unerheblich davon ab, in welchem Maß ihre Eltern auf diese Informationsquellen zurückgreifen.

Wecken Sie in Ihrem Kind die Neugierde, die Welt selbst zu erforschen.

Eltern können ihre Kinder lehren, sich z. B. gezielt Fernsehsendungen nach ihrem Informationswert auszusuchen. Sie können diese gemeinsam anschauen und sich mit den Kindern über das

Erlebte austauschen. Sie können sich mit Ihrem Kind mit bestimmten, ausgewählten Themen beschäftigen. Lassen Sie sich dabei durchaus auch von eigenen Interessen leiten. So können Sie z. B. mit Ihrem Kind eine kleine „Exkursion" machen, um gezielt etwas über Bäume zu erfahren. Besorgen Sie sich einen Naturführer, in dem Sie dann vor Ort die Bäume identifizieren können. Vermitteln Sie Ihrem Kind etwas über Bestimmungsmerkmale der Bäume, lassen Sie es Rinde und Blätter sammeln und dann anschließend zu Hause ordnen und dokumentieren. Sie werden ohne viel Mühe andere Inhalte für solche Erkundungen finden können (z. B. Insekten, Fische, heimische Pflanzen, aber auch Themen wie Ritter, Burgen, Leben der Menschen in der Steinzeit, im Mittelalter usw.).

Besonders gut können Sie solche Themen mit dem Besuch eines Museums, einer Höhle oder Ähnlichem verbinden. Und als Ergänzung zu diesen Unternehmungen können Sie darüber hinaus durch gezielte Literaturnutzung über Bücherei und Internet Ihrem Kind Wege der Informationssuche zeigen.

Vermitteln Sie Ihrem Kind „Lust auf Welt"

Auf diese Weise vermitteln Sie Ihrem Kind Lust an der Welt. Es lernt praxisnah den Nutzen gezielter Vorgehensweisen kennen und planvoll, sorgfältig und ausdauernd zu ‚arbeiten'. Sie vermitteln ihm dadurch auch, dass man nicht alles wissen muss und kann. Ihr Kind lernt so auch, dass es einen gewissen Aufwand betreiben muss, um die „Dinge des Lebens" zu verstehen und zu begreifen.

So wird das Kind im Laufe der Zeit motiviert, Probleme aktiv anzugehen. Es wird sich für Neues interessieren, seine Umwelt verstehen wollen und erkennen, dass sich Anstrengung lohnt. Es hat ein Erfolgserlebnis und erfährt allerdings auch gleichzeitig, dass das Erreichen eines bestimmten Ziels meist mit einem gewissen Aufwand verbunden ist und dass es selbst für seine Weiterentwicklung verantwortlich ist.

Eltern müssen Grenzen setzen

Unsere Umwelt bietet eine Vielzahl von Anreizen. Unser Lebensalltag ist voller versteckter und offener Aufforderungen, ständig neue Dinge zu kaufen. Konsum bestimmt unser Leben und Bestreben (siehe Kapitel 2). Kinder sind aufgrund ihrer noch wenig entwickelten Kritikfähigkeit diesen Reizen meist schutzlos ausgeliefert. Sie wollen und brauchen dies und jenes. Es gibt eine Unzahl von Beschäftigungsmöglichkeiten, die Spaß versprechen. Meist ist der Aufwand, den man treiben muss, um Spaß zu haben, eher gering. Wenn der „Stress" zu groß wird, besteht die Möglichkeit, sich etwas anderes zu suchen. An Alternativen besteht in unserer aktuellen Lebensumwelt kein Mangel. Fernsehen z. B. bietet einen garantiert aufwendungsfreien Spaß und ist ständig verfügbar. Beschäftigungen, die einen nicht unerheblichen Lern- bzw. Übungsaufwand erfordern, können da oft nicht mithalten. Solche Tätigkeiten, z. B. schon das Lesen eines Buches, werden von vielen Kindern als langweilig bezeichnet und als Freizeitbeschäftigung erst gar nicht in Betracht gezogen. Eltern müssen sich darüber klar werden, dass es auch ihre Aufgabe ist, das Konsumverhalten ihres Kindes zu beeinflussen. Sie müssen dem Strom von Spielmaterial, dem ständigen „Habenwollen" des Kindes Grenzen setzen. Das ist sicherlich nicht einfach; es fordert die Eltern immer wieder heraus und schafft Konflikte. Die Eltern müssen diese Konflikte aushalten, damit das Kind lernen kann, Bedürfnisse zurückzustellen. Das Kind muss lernen, dass es nicht alles, was es sieht, haben kann. Es muss lernen, dass ein gewisser Aufwand nötig ist, um ein Ziel zu erreichen.

Kinder dürfen nicht ständig ihren Willen durchsetzen. Sie müssen lernen, Bedürfnisse aufzuschieben und Frustrationen auszuhalten.

> Die Fähigkeit, Bedürfnisse zurückzustellen, ist eine wesentliche Voraussetzung für leistungsorientiertes und konzentriertes Arbeiten und Lernen.

Man wird auch akzeptieren müssen, dass manche Kinder für die Bewältigung der entsprechenden Entwicklungsaufgaben mehr Zeit brauchen als ihre Altersgenossen. Sie sind dann zu dem jeweiligen Zeitpunkt noch nicht „reif“ für die aktuell anstehende Lebensaufgabe (z. B. Bewältigung von schulischen Anforderungen). Manche dieser Kinder haben (trotz befriedigender familiärer Bedingungen) wenig Ehrgeiz und wenig Interesse für schulische Dinge. Obwohl es vielen Eltern bei den oft ungünstigen wirtschaftlichen Bedingungen schwer fallen dürfte, ist es wichtig, diesen Kindern Zeit zu geben. Man wird sie eher indirekt (wie zuvor beschrieben) zu verantwortlichem, leistungsmotiviertem Verhalten führen müssen, statt rasche Erfolge zu erwarten.

4. Kapitel

Probleme in der Familie

Geborgenheit und Unterstützung in der Familie stärken das Leistungsvermögen des Kindes. Auf Konflikte reagieren Kinder besonders sensibel – auch mit Unkonzentriertheit.

Die psychische Stabilität

Familiäre Probleme beeinträchtigen das Konzentrationsvermögen eines Kindes stark.

Die Konzentration eines Menschen ist stark abhängig von seiner inneren Verfassung. Wer große Probleme mit sich herumschleppt, kann sich kaum auf andere Dinge konzentrieren. Jeder kennt aus eigener Erfahrung Situationen, in denen es nicht gelang, sich auf einen bestimmten Inhalt, z. B. einen Vortrag oder eine Lektüre, zu konzentrieren. Es gab etwas, was die Gedanken und Gefühle zu sehr in Anspruch nahm. Meist sind es psychische Belastungen, die situativ aufgetreten sind, und für die noch keine Lösung gefunden wurde. Sie können aber auch chronisch bestehen. Es kann sich dabei um Konflikte mit anderen Personen, um Verluste, Ängste oder Ähnliches handeln. Gemeinsam ist all diesen Ursachen, dass sie den jeweiligen Menschen erheblich belasten und seine Leistungsbereitschaft einschränken.

Kinder werden von solchen schwebenden Problemen in besonderer Weise belastet. Viele reagieren mit Auffälligkeiten, wie z. B. Aggressivität. Und wenn das Kind dauerhaft mit familiären Problemen belastet ist, leidet darunter natürlich auch seine Konzentrationsfähigkeit.

Wenn die Geborgenheit fehlt

Auch das Arbeitsverhalten eines Kindes hängt ganz entscheidend von seinem gesamten Umfeld ab. Denn gerade Kinder reagieren auf Störungen ihrer Umwelt, vor allem in der Familie, sehr sensibel. Für Kinder, die in emotional instabilen Verhältnissen leben, ist es oft sehr schwer, sich mit den Anforderungen der Umwelt angemessen und ausdauernd auseinander zu setzen.

Je länger diese Störungen bestehen, umso stärker wirken sie sich aus. Die Gründe für solche Schwierigkeiten können sehr unterschiedlich sein.

Kinder brauchen eine emotional sichere und stabile Familiensituation, um konzentriert und leistungsorientiert arbeiten zu können.

Angst und Sorge um die Familie sind für Kinder sehr bedeutsame Störungsfaktoren; dazu zählt z. B. die Angst, dass die Ehe der Eltern scheitern könnte. Es muss einem Kind sehr schwer fallen, sich auf seine Aufgaben zu konzentrieren, wenn es immer wieder spürt, dass sich seine Eltern nicht vertragen und Konflikte bestehen. Diese Streitigkeiten oder Differenzen müssen nicht einmal offen ausgetragen werden. Sie sind für die meisten Kinder auch unterschwellig spürbar. Spannungen können dadurch entstehen, dass Elternteile eigene Probleme haben. Dies kann z. B. der Fall sein, wenn ein Elternteil suchtkrank ist oder an Depressionen leidet, oder bei Gewalt oder sexuellem Missbrauch in der Familie.

Petra ist bei der Vorstellung in der Beratungsstelle acht Jahre alt. Sie besucht die 2. Klasse. Ihre Leistungen sind zunehmend schlechter geworden. Es bestehen Zweifel, ob sie das Klassenziel schaffen wird. Die Lehrer teilen mit, dass sie sich überhaupt nicht auf die Unterrichtsinhalte konzentriere. Sie sitze oft teilnahmslos im Unterricht, scheine psychisch nicht anwesend zu sein. Ihre Anstrengungsbereitschaft sei gering. Die Lehrer sind unsicher, ob Petra über die intellektuellen Voraussetzungen für den erfolgreichen Besuch der Grundschule verfügt. Eine Testuntersuchung zeigt, dass Petra altersentsprechend intelligent ist, in Teilbereichen sogar recht gute Fähigkeiten aufweist. Sie zeigt auch in der Untersuchungssituation überhaupt keine Konzentrationsprobleme. Sie ist offen und kooperativ.

Petras Beispiel zeigt, dass lang andauernde familiäre Probleme weitreichende Auswirkungen auf ein Kind haben.

Bei einer Betrachtung der Familiensituation wird deutlich, dass der Vater suchtkrank ist, bisher aber keine Krankheitseinsicht hatte. Durch diese Abhängigkeit ist die Familie in finanzielle Not geraten. Die Mutter befindet sich in ständigem Konflikt mit ihrem Mann. Sie muss die Familie weitgehend allein versorgen, weil ihr Partner komplett ausfällt. Die Kinder sind stundenlang allein. Petras Mutter ist völlig überfordert. Das Familienklima ist inzwischen unerträglich geworden. Petra leidet unter diesen Spannungen sehr.

Wenn die Zeit fehlt

Manche Familien scheinen emotional intakt zu sein; es bestehen aber manchmal sehr große Belastungen, z. B. durch finanzielle Überforderung oder die Pflege eines Angehörigen. Solche zeitlichen Belastungen, die auch gegeben sein können, wenn beide Eltern voll berufstätig sind, können das Familienklima erheblich beeinträchtigen und sich negativ auf das Kind auswirken.

Was Kinder zum Lernen benötigen
Kinder brauchen, um ausdauernd und leistungsmotiviert lernen zu können, die Unterstützung der Eltern. Es muss vor allem genügend Zeit und Interesse für ihre Bedürfnisse und Nöte vorhanden sein.

Manche Eltern bürden sich große finanzielle Lasten auf, um bestimmte Konsumwünsche zu befriedigen. In solchen Familien bleibt oft wenig Zeit für die Bedürfnisse der einzelnen Familienmitglieder, da alle Kraft gebraucht wird, um die notwendigen Aufgaben zu erfüllen. Ehepartner haben dadurch oft wenig Zeit füreinander, nicht selten leben sie neben- statt miteinander.

Es besteht die Gefahr, dass beide Partner überfordert sind, insbesondere aber derjenige, der die Hauptlast der Erziehung trägt. Nötige Absprachen, ein Überdenken des Erziehungsalltags und der Erziehungsziele, nicht zuletzt aber auch die gegenseitige Unterstützung sowie die Vermittlung von gegenseitiger Wertschätzung verkümmern.

In der Hektik des Alltags gehen die Bedürfnisse eines Kindes allzu leicht unter.

Dies führt im Lauf der Zeit zu Unzufriedenheit und Enttäuschung und wirkt sich nicht nur auf das Wohlbefinden der Eltern, sondern selbstverständlich auch des Kindes aus. Es kommt mit seinen Bedürfnissen zu kurz.

Kinder brauchen Zeit
Wenn keine Zeit bleibt, bekommt ein Kind meist zu wenig Zuwendung und Unterstützung. Gemeinsame Unternehmungen finden nicht mehr statt, die Bedürfnisse des Kindes werden nicht verstanden oder über Konsum abgetan.

Unterstützung und Zuwendung sind aber wichtige Voraussetzungen für die Entwicklung eines gesunden Selbstwertgefühls und einer guten Leistungsmotivation. Sie tragen damit indirekt zur Entwicklung von Konzentration und Ausdauer bei.

Wenn Eltern wenig Zeit haben, entgehen ihnen oft Nachlässigkeiten des Kindes, z. B. beim Erledigen der Hausaufgaben, bei der Einhaltung häuslicher Regeln usw. Andererseits können sie den Kindern nicht genug Aufmerksamkeit zuwenden, sodass sie ihre leistungsorientierten Bemühungen nicht angemessen würdigen.

Anerkennung ist aber eine wichtige Triebfeder unseres Verhaltens. Wenn sie ausbleibt oder wenn nur getadelt wird, ist ein Kind kaum bereit, sich langfristig anzustrengen. Es bekommt das Gefühl: Leistung lohnt sich nicht.

Regeln im Alltag

Kinder brauchen feste Strukturen in ihrem Alltag.

Ausdauer, Sorgfalt, Konzentration haben, wie bisher beschrieben, viel mit Leistungsbereitschaft, mit Disziplin und Verantwortlichkeit zu tun. Regelmäßigkeiten (Alltagsstruktur) wie die Übernahme von Verpflichtungen in der Familie sind für die Entwicklung dieser für schulisches Gelingen und spätere berufliche Integration wichtigen Fertigkeiten unverzichtbar. Die Ausgestaltung solcher Strukturen (man könnte sie auch als Rituale bezeichnen) hängt auch mit der Lebenswirklichkeit der jeweiligen Familien zusammen (z. B. berufliche Belastung der Eltern, Betreuungsmöglichkeiten für das Kind), wird aber wohl noch mehr davon beeinflusst, was die Eltern für wichtig halten. Unsere hektische Zeit, das Streben nach immer neuen Reizen trägt sicher auch dazu bei, dass es immer mehr Familien nicht gelingt, solche Strukturen aufrechtzuerhalten.

In manchen Familien gibt es kaum noch Verbindlichkeiten. Es finden keine oder nur noch wenige gemeinsame Mahlzeiten statt. Nicht selten ist es den Eltern auch zu viel, sich die Zeit zur Zubereitung der Mahlzeiten zu nehmen. Die Kinder können selbst entscheiden, was sie wann essen, wie viel Zeit sie mit Medienkonsum verbringen, ob sie sich an Gemeinsamkeiten beteiligen oder wie oder wo sie ihre Freizeit verbringen. Sie entscheiden auch weitgehend selbst, wann sie ins Bett gehen. Es bestehen also kaum Verpflichtungen, einen Beitrag für die Familie zu leisten. Auch scheint es immer mehr Eltern schwer zu fallen, Regeln, die sie für wichtig halten, bei ihren Kindern durchzusetzen. Sie geben auf und lassen es treiben.

Wenn darüber hinaus die Eltern durch eigene Probleme (z. B. Elternkonflikte, Trennung, berufliche und finanzielle Sorgen) belastet werden, wird es noch schwieriger, eine angemessene Alltagsstruktur herzustellen bzw. sie aufrechtzuerhalten.

5. Kapitel

Welche Rolle spielt die Ernährung?

Zucker und Lebensmittelzusätze geraten immer wieder in Verdacht, Kinder zappelig und unkonzentriert zu machen. Stimmt das?

„Leerer Bauch studiert nicht gern …“

Ohne Frühstück nicht in die Schule – daran halten viele Eltern fest. Es wurde in Studien tatsächlich nachgewiesen, dass Kinder, die morgens frühstückten, bei Aufmerksamkeitsleistungen wesentlich besser abschnitten als Kinder, die nicht gefrühstückt hatten.

Eine vollwertige Ernährung unterstützt das Konzentrationsvermögen des Kindes.

Natürlich ist allgemein bekannt, dass eine ausreichende und ausgewogene Ernährung eine besondere Bedeutung für die körperliche wie psychische Gesundheit eines Kindes hat – und damit auch auf seine Leistungsfähigkeit. Unklarheit besteht aber immer wieder darüber, ob es bestimmte Nahrungsmittel gibt, die besonders konzentrationsfördernd sind bzw. die Konzentration negativ beeinflussen. Ein besonderes Beispiel ist der Zucker. So gilt vor allem Traubenzucker als der Energielieferant schlechthin, der auch die Konzentration fördern soll. Immer wieder wird Zucker aber auch als Ursache für eine besondere Unruhe angesehen.

Mindert Zucker die Konzentrationsfähigkeit?

Ein Einfluss der Ernährung wurde vor allem bei Verhaltensweisen im Zusammenhang mit hyperkinetischen Störungen (siehe Kapitel 7) vermutet. In den 70er-Jahren war Zucker (vor allem in Form von Süßigkeiten) in den Verdacht geraten, Hauptursache für Unruhe und störendes Verhalten von Kindern zu sein. Auch Zuckeraustauschstoffe wie Aspartam wurden für diese Verhaltensauffälligkeiten verantwortlich gemacht. Doch dieser Verdacht konnte nicht bestätigt werden. Ein hoher Zuckerkonsum, der ja vor allem auf Kosten vollwertiger, nährstoffreicher

Nahrungsmittel geht, ist sicher nicht empfehlenswert, aber letztlich kaum die Ursache für Konzentrationsstörungen.

In vielen Studien konnten keine Hinweise für den Einfluss des Zuckers bzw. der Zuckeraustauschstoffe auf das Verhalten oder die Konzentrationsfähigkeit gefunden werden. Es ist also anzunehmen, dass ein zu hoher Süßigkeitenkonsum nicht die Ursache für Verhaltensauffälligkeiten oder mangelnde Konzentration ist.

Phosphate und Farbstoffe

Hyperkinetisches Verhalten, d. h. starke motorische Unruhe, wurde seit den 70er-Jahren immer wieder dem Phosphatgehalt der Nahrung zugeschrieben. Es gab spektakuläre Berichte über den Einfluss auf das Verhalten von Kindern. Zahllose Kinder wurden jahrelang mit phosphatarmer Diät ernährt, in vielen Familien drehte sich alles nur noch um das Essen. Es zeigte sich aber, dass dieser Zusammenhang nicht verallgemeinerbar ist.

In wissenschaftlichen Studien konnten keine Zusammenhänge zwischen Verhaltensauffälligkeiten bzw. Leistungsstörungen und dem Konsum von Phosphat festgestellt werden. Es kann also keine allgemein gültige Empfehlung für eine Vermeidung von Phosphatzusätzen gegeben werden.

Eine Umstellung der Ernährung bedeutet immer auch eine Veränderung der Beziehungen in der Familie. Sie ist in der Regel mit mehr Zuwendung und Zeit für das betroffene Kind verbunden, sodass eventuelle Veränderungen selbstverständlich auch eine Folge dieser vermehrten Zuwendung sein können.

Eine andere Ursachenquelle für Konzentrationsmangel und Hyperaktivität wurde in Lebensmittelzusätzen, insbesondere künstlichen Farbstoffen wie dem gelben Farbstoff Tartrazin, gesehen. Hier gibt es einige Studien, die bei einem Teil der Kinder Hinweise dafür erbringen, dass sie auf bestimmte Stoffe mit Verhaltensauffälligkeiten reagieren. Dazu können auch Beeinträchtigungen der Konzentration gehören. Allerdings scheint die Zahl dieser Kinder insgesamt eher gering zu sein.

Viele Vermutungen über Zusammenhänge von Ernährung bzw. Nahrungsmittelzusätzen und Verhalten haben sich nicht bestätigt. Es gibt aber durchaus Kinder die besonders sensibel auf bestimmte Nahrungsmittelzusätze reagieren. Ihr Verhalten kann durch diätetische Maßnahmen verändert werden.

Man muss allerdings berücksichtigen, dass Veränderungen diätetischer Art eine erhebliche Umstellung im Ernährungsverhalten der betroffenen Person bedeuten. Diese Umstellung verlangt viel Kraft und Ausdauer bei allen Mitbeteiligten. Letztlich lässt sich dieses Vorhaben nur dann in die Tat umsetzen, wenn man als Elternteil den festen Willen besitzt, diese Veränderungen mitzutragen und durchzuhalten. Interessierte Eltern sollten sich an den Kinderarzt oder einen Beratungsdienst der Krankenkasse wenden. Dort erhalten sie entsprechende Unterstützung.

6. Kapitel

Lernschwäche und Teilleistungsstörungen

Konzentrationsprobleme sind oft eine Folge chronischer Misserfolge; diesen wiederum liegt nicht selten eine Lernstörung zugrunde.

Die intellektuellen Fähigkeiten

Die Konzentrationsfähigkeit wird auch durch die Begabung des Kindes beeinflusst.

Auch wenn es Eltern nur selten in Betracht ziehen: Beeinträchtigungen der Konzentrationsfähigkeit, der Aufmerksamkeit und der Ausdauer können zu einem erheblichen Ausmaß durch eine Beeinträchtigung der intellektuellen Fähigkeiten eines Kindes verursacht werden. Auch Auffälligkeiten im Verhalten, wie z. B. Leistungsverweigerung oder motorische Unruhe, sind nicht selten mit Beeinträchtigungen der Lernfähigkeit verbunden. Dabei können die Konzentrations- und Verhaltensprobleme Teil des Grundproblems, z. B. einer Lernbehinderung oder auch einer geistigen Behinderung, sein, wenn die intellektuellen Fähigkeiten stark eingeschränkt sind. Sie können aber auch sekundär als Folge chronischer Misserfolge auftreten.

Die Lernbehinderung

Häufig findet man bei Kindern, die ursprünglich wegen mangelnder Konzentrationsfähigkeit vorgestellt worden waren, eine mehr oder weniger starke Beeinträchtigung ihrer intellektuellen Fähigkeiten.

Andreas' Konzentrationsprobleme gehen auf eine Lernschwäche zurück.

Andreas befindet sich zum Zeitpunkt der Vorstellung bei der Beratungsstelle in der 2. Klasse. Er wird vorgestellt, weil er motorisch sehr unruhig ist und sich schlecht konzentrieren kann, rasch aufgibt und sich leicht ablenken lässt. Er ist nicht in der Lage, nur annähernd selbstständig seine Hausaufgaben zu machen. Oft versucht er diese zu vermeiden, indem er behauptet, keine Aufgaben aufzuhaben. Das Erledigen der Aufgaben verläuft immer sehr dramatisch, unter viel Widerstand und dauert meist sehr lang. Rechtschreiben und Lesen bereiten ihm viel

Mühe. Auch das Rechnen verläuft nicht ohne Schwierigkeiten. Beide Eltern sind berufstätig. Andreas wird stundenweise von der Oma betreut, die mit der Hausaufgabenbetreuung überfordert ist. Oft macht Andreas die Aufgaben dann abends mit der Mutter.
Die Testuntersuchung zeigt die schon in der Schule beobachteten großen Leseschwierigkeiten, aber auch erhebliche Beeinträchtigungen im logischen Denken. Es gelingt Andreas oft nicht, Aufgabenanweisungen zu verstehen. Er weist große Mängel in seiner Handlungsplanung und der Problemanalyse auf. Er tut sich schwer, Lösungswege zu finden. Sein Vorgehen bei Aufgabenstellungen ist oft planlos. Er gibt sich mit Teillosungen und offensichtlich falschen Lösungen zufrieden, weil er Widersprüche nicht erkennt.
Die Ergebnisse entsprechender Intelligenztests liegen deutlich im Bereich einer Lernbehinderung. Auch der Versuch, sein Arbeitsverhalten durch ein Training zu beeinflussen, scheitert. Andreas ist aufgrund einer Lernbehinderung in der Grundschule überfordert; der Wechsel zur Förderschule stellt die einzig angemessene Lösung dar.
Die genannten Konzentrations- und Ausdauerprobleme werden im Rahmen einer Lernbehinderung verständlich.

Andreas zeigt immer in Situationen, die ihn überfordern und in denen er keine Lösungsmöglichkeiten findet, deutliche Anzeichen von motorischer Unruhe. Er versucht, diese Situationen durch Kasperei oder ähnliches Verhalten zu verändern. Dies gelingt ihm in der Regel auch –, auch wenn man ihn immer wieder dafür schimpft. Er kann sich so meist aus dieser für ihn nicht zu lösenden Problemsituation herausziehen.

Letztlich ist dieses Verhalten also „erfolgreich". Sein Verhalten ist aber sicherlich nicht auf einen Vorsatz im Sinne einer bewussten Entscheidung zurückzuführen. Andreas sucht instinktiv den für ihn leichtesten Lösungsweg.

Ständige Überforderung

Konzentrationsstörungen können auch durch Überforderung hervorgerufen werden.

Auch wenn Kinder ein störendes Verhalten nicht vorsätzlich planen, so lernen sie doch rasch, dass sie durch solche unerwünschten Verhaltensweisen (z. B. Verweigerungsverhalten der unterschiedlichsten Art, Kaspereien, Weinen, Toben usw.) Versagenssituationen vermeiden können. Wir alle kennen Situationen, die uns überfordert haben, und kennen somit auch das Gefühl von Enttäuschung, Frustration, Angst oder gar Verzweiflung. Wir können uns sicherlich auch daran erinnern, wie Konzentration und Leistungsbereitschaft dann meist rasch stark gesunken sind. Kindern ergeht es in solchen Situationen nicht anders. Wenn ein Kind in vielen Fächern überfordert ist, wird es ständig mit seinem eigenen Versagen konfrontiert; sein Selbstwertgefühl wird andauernd verletzt. Es muss sich vor diesen Verletzungen zu schützen versuchen. Dies äußert sich bei Kindern durch Vermeidung; es zeigt sich in reduzierter Leistungsbereitschaft und in der Folge in geringer Aufmerksamkeit und Ausdauer.

Konzentrationsstörungen sind oft Teil einer Beeinträchtigung der intellektuellen Fähigkeiten des Kindes – entweder als Bestandteil einer schwachen Begabung oder als Folge ständiger Misserfolge.

Frühzeitige Hilfe

Für Eltern ist es oft sehr schwierig, die intellektuellen Probleme ihres Kindes wahrzunehmen und zu akzeptieren. Zwar gibt es häufig schon in der Vorschulzeit eines betroffenen Kindes viele Hinweise, dass möglicherweise Beeinträchtigungen in der Lernfähigkeit vorhanden sind oder dass sich das Kind generell schwer tut, Neues zu lernen. Doch fällt es Eltern häufig schwer, diese Hinweise aufzunehmen und emotional an sich heranzulassen. Es ist wesentlich leichter, die Ursachen für die Leistungsprobleme des Kindes einer mangelhaften Konzentration zuzuordnen.

Es ist für Eltern oft sehr schwer zu akzeptieren, wenn ihr Kind eine Lernbehinderung hat.

Nicht selten werden Kinder mit mehr oder weniger deutlichen Beeinträchtigungen der intellektuellen Fähigkeit oder mit einer Lernbehinderung über viele Jahre von Klasse zu Klasse „mitgeschleppt". Sie kommen in immer größere gefühlsmäßige Nöte, weil sie die Anforderungen nicht erfüllen können. Dabei werden die Kinder erheblich in ihrem Selbstwertgefühl verletzt.

Auch innerhalb der Familie führen die schulischen Probleme des Kindes häufig zu zusätzlichen Belastungen. Dies kann wiederum die Arbeitshaltung des Kindes verschlechtern. Auch die schulischen Bedingungen können oft nur wenig zur Entlastung des Kindes beitragen. Es ist in solchen Fällen unbedingt notwendig, dass die Eltern im Gespräch mit dem Klassenlehrer und dem Beratungslehrer überlegen, welche Maßnahmen getroffen werden müssen, z. B. der Wechsel an eine andere Schule.

Teilleistungsstörungen

Eine spezielle Situation liegt vor, wenn ein Kind teilleistungsgestört ist. Meist versagt es in diesem Fall nur in einem speziellen Fach, z. B. in Deutsch oder Rechnen, während seine Leistungen und Arbeitshaltung in anderen Bereichen gut sind.

Es weist also in Teilbereichen seiner Leistungsfähigkeit Beeinträchtigungen auf. Eine frühzeitige Diagnose dieser Beeinträchtigung ist sehr wichtig, damit das Kind gezielt gefördert und somit auf seine Probleme gezielt Einfluss genommen werden kann.

Lese-Rechtschreib-Schwäche (Legasthenie)

In den letzten Jahren werden bei Beratungsstellen zunehmend Kinder mit Verdacht auf eine Lese-Rechtschreib-Schwäche vorgestellt. Die zur Vorstellung führenden Probleme in diesem Bereich sind oft verbunden mit Konzentrationsstörungen. Dabei zeigen sich Störungen im Erlernen des Lesens und der Rechtschreibung meist schon sehr früh.

> Das wesentliche Kriterium für die Diagnose einer Lese-Rechtschreib-Schwäche ist die Fehlerzahl beim Rechtschreiben und ein deutlicher Unterschied zur allgemeinen Intelligenz des Kindes.

Probleme beim Rechtschreiben

Die Probleme eines Kindes im Rechtschreiben können sehr unterschiedlich sein. Einige Kinder neigen zum Vertauschen der Buchstaben, andere „vergessen“ immer wieder Buchstaben im Wort, verstümmeln Wörter, sodass sie für andere kaum noch lesbar sind. Andere Kinder haben erhebliche Mühe, sich Buchstaben zu merken. Sie können nur wenige wiedergeben oder können sich die Rechtschreibregeln nur unangemessen einprägen und sie kaum anwenden.

Probleme beim Lesen

Beim Lesen fällt es den Kindern oft schwer, Laute zu Wort-Klang-Bildern zusammenzuziehen. Beim mühevollen Versuch, die Laute zu einem Wort zusammenzusetzen, haben sie, wenn sie am Ende des Wortes angelangt sind, die ersten Laute bereits wieder vergessen. Andere Kinder haben Schwierigkeiten, sich an das Lautbild der Buchstaben zu erinnern. Im weiteren Verlauf fallen diese Kinder durch eine niedrige Lesegeschwindigkeit auf, durch Auslassen, Ersetzen, Verdrehen oder Hinzufügen von Wörtern. Sie haben meist erhebliche Mühe, das Gelesene zu verstehen. Die Sinnentnahme ist mehr oder weniger stark gestört. Die Probleme beim Lesen wirken sich rasch in anderen Bereichen aus. Alle Fächer, in denen Lesen wichtig ist, sind betroffen. Auch in Mathematik treten spätestens bei Textaufgaben Probleme auf.

Viele Kinder haben sowohl Lese- als auch Rechtschreibprobleme. Es ist aber auch zu beobachten, dass bei einem Kind nur Lese- oder ausschließlich Rechtschreibprobleme auftreten. Bei nicht wenigen Kindern zeigen sich im weiteren Verlauf ihrer Schulkarriere auch Schwierigkeiten in Fremdsprachen.

Ursachen und Folgen

Die Ursachen für diese Beeinträchtigungen sind vielfältig. Während in den zurückliegenden Jahren oft Störungen der optischen Wahrnehmung als Ursache angesehen wurden, weiß man heute, dass ein Großteil der Kinder auch oder überwiegend Schwierigkeiten in der akustischen Differenzierung hat. Bei nicht wenigen dieser Kinder traten im Vorschulalter Sprachentwicklungsverzögerungen auf.

Lese- und Rechtschreibprobleme haben viele verschiedene Ursachen.

Viele Kinder mit Lese-Rechtschreib-Schwäche entwickeln vor allem aufgrund der ständigen Misserfolge Störungen in der Konzentration, neigen zu psychosomatischen Störungen und depressiven Verstimmungen und entwickeln unter Umständen auch Ansätze von Hyperaktivität. Viele Kinder beschäftigen sich, wenn ihre Schwierigkeiten lange andauern, nur noch widerwillig mit schriftlichen Anforderungen. Diktate werden zur Qual.

> Erhebliche Beeinträchtigungen im Lesen oder Rechtschreiben führen durch ständige Misserfolge über kurz oder lang zu Störungen der Leistungsbereitschaft und des Arbeitsverhaltens.

Das Kind versucht bald alles, was mit Lesen und Schreiben zu tun hat, zu vermeiden.

Die Kinder sind bemüht, alle Aufgaben, die mit Schreiben oder Lesen verbunden sind, schnell hinter sich zu bringen. Entsprechend gering ist die Leistungsbereitschaft und damit auch die Konzentration auf die zu leistende Aufgabe. Die Arbeitshaltung ist durch Flüchtigkeit und Oberflächlichkeit gekennzeichnet. Dadurch hat das Kind zwangsläufig wenig Übung und lernt zu wenig. So schließt sich der Kreis von Misserfolg, Vermeidung und Störung des Arbeitsverhaltens.

Rechenschwäche

Manche Kinder können nur schwer eine Vorstellung vom Zahlenraum entwickeln.

Eine andere Teilleistungsstörung betrifft die rechnerischen Fähigkeiten. Sie wird auch als Dyskalkulie bezeichnet. Betroffene Kinder haben große Mühe, den Zahlenraum zu begreifen. Sie benutzen deshalb ihre Finger oder anderes Anschauungsmaterial, um diesen Raum im wahrsten Sinne des Wortes zu begreifen. Sie haben meist große Probleme, Zehnerübergänge zu verstehen und sich das Einmaleins einzuprägen. Rechenschwache Kinder reagieren auf ihre Probleme meist mit Auswendiglernen. Doch Rechnen nur auf der Grundlage von Auswendiggelerntem ist zwangsläufig sehr fehleranfällig. Bei Textaufgaben scheitern rechenschwache Kinder meist völlig, weil sie sich hier auf ihr Gedächtnis allein nicht verlassen können. So verstehen sie meist schon die Fragestellung nicht und können oft nicht abschätzen, welches ungefähre Ergebnis zu erwarten ist. Auch widersinnige Ergebnisse erkennen sie meist nicht.

> Die Diagnose einer Rechenstörung kann gestellt werden, wenn das Kind starke Beeinträchtigungen im Rechnen aufweist, in anderen intellektuellen Bereichen aber altersentsprechende Fähigkeiten hat – es also normal begabt ist.

Ähnlich wie bei Kindern mit Lese-Rechtschreib-Schwäche kommt es auch bei rechenschwachen Kindern rasch zu Versagensgefühlen und in der Folge zu Arbeitsstörungen. Auch hier muss, wie bei der Lese-Rechtschreib-Schwäche, eine gezielte Förderung einsetzen.

Feinmotorische Störungen

Vielen Kindern fällt es sehr schwer, etwas zu Papier zu bringen. Ihre Schrift ist krakelig und oft nur schwer zu entziffern. Das Einhalten der Linien gelingt nur schlecht. Oft ist die Stifthaltung ungünstig. Manchen Kindern erschwert eine Linkshändigkeit das Schreiben zusätzlich. Die Form der schriftsprachlichen Darstellung, die Heftführung, ist ungenügend und unansehnlich. Man findet sich im Text nicht zurecht. Die meisten Kinder mit solchen Problemen benötigen zum Schreiben sehr lange und es kostet sie viel Kraft; oft sind sie verkrampft und verzweifelt über die trotz großer Anstrengung schlechten Ergebnisse.

Viele Kinder haben heute Schwierigkeiten beim Malen und Schreiben.

Die Ursachen dieser Beeinträchtigungen sind meist nicht eindeutig. Bei einigen Kindern kann man vermuten, dass ihre Probleme auf minimale Beeinträchtigungen der Gehirnfunktion zurückgehen. Doch auch fehlende feinmotorische Übung vom Kleinkindalter an kann dazu beitragen. Kinder verbringen heute viel mehr Zeit mit Zuschauen (Fernsehen) und Zuhören (Musik) und trainieren wesentlich weniger ihre motorischen Fertigkeiten. Geschicklichkeitsspiele wie Mikado oder Floh-Hops werden kaum mehr gespielt. Und auch Malen und Basteln geraten immer mehr in den Hintergrund.

In der Schule wird für Kinder mit feinmotorischen Störungen sehr bald alles Schriftliche zur Qual. Konzentration und Ausdauer für diese Betätigungen, die ja die Basis für das weitere Lernen sind, lassen rasch nach. Und da das Kind nur wenig motiviert ist (es ist ja ohnehin kaum eine gute Beurteilung zu erwarten), häufen sich auch inhaltliche Fehler.

Wo finden Eltern Hilfe?

Sprechen Sie zuerst mit den zuständigen Lehrern.

Wenn Sie als Eltern den Eindruck haben, dass Ihr Kind in Teilbereichen seiner intellektuellen Fähigkeiten Probleme hat, sollten Sie zunächst mit den zuständigen Lehrern sprechen. In Übereinstimmung mit den Eltern kann die Schule einen Beratungslehrer oder einen Schulpsychologen, in manchen Schulen auch einen Sonderpädagogen, hinzuziehen. Er macht sich einen Eindruck von den Möglichkeiten des Kindes und berät die Eltern und die Klassenlehrer über weitere Schritte.

Eltern können sich aber auch – und oft wird dies von den Lehrern empfohlen – an ihren Kinderarzt wenden, der die weitere medizinische Abklärung und die Möglichkeiten der Förderung oder Therapie koordinieren kann. In größeren Städten gibt es Sozialpädiatrische Zentren (SPZ), die aufgrund der Vielfalt der dort vorhandenen Fachkompetenzen (Kinderärzte, Neurologen, Logopäden, Krankengymnasten, Ergotherapeuten, Sozialpädagogen, Psychologen) eine differenzierte Begutachtung des Kindes ermöglichen. Bei diesen Zentren handelt es sich um medizinische Einrichtungen, deren Inanspruchnahme durch die Krankenkassen finanziert wird. Eine Überweisung durch den Hausarzt ist erforderlich.

Weiterhin können sich Eltern an eine psychologische Beratungsstelle (Erziehungsberatungsstelle) oder einen niedergelassenen Kinder- und Jugendpsychiater wenden, vornehmlich dann, wenn der Eindruck besteht, dass die Probleme des Kindes Veränderungen in der Familie notwendig machen. Diese Stellen können aber auch einen wichtigen Beitrag zur Diagnostik liefern. Psychologische Beratungsstellen stehen entweder unter kommunaler oder kirchlicher Trägerschaft und sind somit für die Familien kostenlos. Die Finanzierung von kinder- und jugendpsychiatrischen Stellen erfolgt über die Krankenkasse (siehe auch Kapitel 11).

Viele Schulen bieten Unterstützung bei der Überwindung von Lese- und Rechtschreibproblemen.

Viele Schulen haben spezifische Förderangebote, vor allem im Lesen und Rechtschreiben. Die Intensität und Qualität dieser Förderung wird in Abhängigkeit von den Möglichkeiten der jeweiligen Schulen stark variieren. An manchen Schulen können Kinder, meist in der 2. und 3. Klasse, z. B. im Rahmen von so genannten Leseambulanzen oder Leseklassen mehrere Stunden pro Woche intensiv in den Problembereichen gefördert werden. Bei der Diagnostik in der Schule, aber auch bei der Beratung der Eltern und Schüler, wirken Beratungslehrer (Vertrauenslehrer, in manchen Bundesländern auch Schulpsychologen) mit, die eigens für diese Aufgaben fortgebildet sind. In einigen Schulen gibt es auch Kooperationen mit Förderschulen, wodurch einzelne Kinder durch Förderschullehrer, meist 1 bis 2 Stunden pro Woche an der Heimatschule gefördert werden können.

Wenn Sie den Eindruck haben, dass Ihr Kind in Teilbereichen (Lesen, Rechtschreiben, Rechnen oder der Feinmotorik, wie etwa beim Schreiben) Probleme hat, sollten Sie zunächst mit dem zuständigen Lehrer sprechen und um eine schulinterne Diagnostik durch den zuständigen Beratungslehrer bitten. Gemeinsam mit ihm können Sie dann das weitere Vorgehen planen. Falls Sie mit den Vorschlägen der Schule nicht zufrieden sind, können Sie sich durch einen Arzt (am besten einen Kinderarzt) an ein Sozialpädiatrisches Zentrum oder eine kinder- und jugendpsychiatrische Einrichtung (KJP) überweisen lassen.
In den letzten Jahren sind in vielen Städten zahlreiche Angebote

zur Förderung von Kindern mit Lese- und Rechtschreibproblemen in privater Trägerschaft entstanden (für Kinder mit Rechenproblemen gibt es deutlich weniger Plätze). Sie werden von sehr unterschiedlichen Berufsgruppen (Lehrer, Psychologen, Heilpädagogen, Logopäden, Sozialpädagogen usw.) angeboten.

In der Regel werden die Kosten für die Förderung des Kindes nicht von der Krankenkasse übernommen. Nur dann, wenn die Ursachen der Störung (z. B. beim Lesen oder Rechtschreiben) im sprachlichen Bereich (z. B. Lautunterscheidungsprobleme, Sprachentwicklungsstörung) oder im Rahmen einer Störung der optischen Wahrnehmung gesehen werden (nach Begutachtung in einem SPZ oder einer KJP), können die Kosten für die Behandlung in einer logopädischen oder ergotherapeutischen Praxis, nach Verordnung durch einen Arzt, von der Krankenkasse übernommen werden.

Wenn die zuvor genannten Teilleistungsstörungen für das Kind mit einer erheblichen emotionalen Belastung (seelische Behinderung) verbunden sind, die sich etwa in körperliche Beschwerden oder Schulverweigerung äußern, besteht die Möglichkeit, dass die Kosten für eine Förderung von dem zuständigen Jugendamt im Rahmen des SGB §35 a übernommen werden. In der Regel verlangen die zuständigen Jugendämter eine externe Begutachtung der Teilleistungsstörung und der seelischen Behinderung.

Sie sollten sich, um die Fragen der Förderungsfinanzierung zu klären, an Ihr zuständiges Jugendamt wenden. Dort erfahren Sie auch, wer als Gutachter und dann bei positivem Finanzierungsbescheid auch als Therapeut vom Jugendamt akzeptiert wird. Informationen über das ganze Verfahren, die Jugendhilfe und möglichen Therapeuten erhalten Sie vor allem in Sozialpädiatrischen Zentren und in kinder- und jugendpsychiatrischen Einrichtungen.

7. Kapitel

Das Aufmerksamkeitsdefizitsyndrom (ADS)

Unstet und oft schwierig – so wirken Kinder mit einem ADS auf ihre Umgebung.

ADS: eine neue „Krankheit“?

In den letzten Jahren werden immer häufiger Kinder mit der Verdachtsdiagnose eines Aufmerksamkeitsdefizitsyndroms bzw. hyperkinetischen Syndroms vorgestellt. Oft wenden sich die Eltern an eine Beratungsstelle, weil sie über die Medien oder in Vorträgen von dieser „Störung“ gehört haben. Sie wollen wissen, ob bei ihrem Kind ein solches Syndrom vorliegt.

Auch Ärzte ziehen diese Diagnose verstärkt in Betracht. Doch wo liegen die Grenzen zwischen „normalem“ lebhaften Verhalten und ADS-typischen Verhaltensweisen?

Peter wirkt immer chaotisch, sprunghaft und unkonzentriert.

Peter ist acht Jahre alt. Er hat den Therapeuten vor dem Treffen noch nie gesehen, verhält sich aber so, als seien sie alte Bekannte. Er ist völlig distanzlos. Ohne den Therapeuten zu begrüßen, läuft er im Zimmer umher und fasst alle Gegenstände an. Im Verlauf der weiteren Termine zeigt sich immer wieder, dass Peter sich nur sehr kurzzeitig mit einer Sache beschäftigen kann. Er wechselt rasch seine Spielinhalte oder steht während eines Spiels unvermittelt auf, um im Spielschrank nach einer anderen Beschäftigung zu suchen.

Er reagiert auf für den Therapeuten gar nicht bewusst wahrnehmbare Geräusche, die von außen ins Zimmer dringen; er rennt ans Fenster, um zu sehen, was draußen los ist. Mitten in der Bearbeitung einer Aufgabe erzählt er immer wieder von Erfahrungen und Geschehnissen, die mit dieser Aufgabe gar nichts zu tun haben. Wenn er selbst über den Ablauf einer Tätigkeit entscheiden kann, bringt er nahezu keine vorgegebene Aufgabe zu Ende. Peter verliert meist rasch die Lust und weigert sich oft weiterzumachen. Unter Führung des Therapeuten gelingt es ihm allerdings, überschaubare Aufgaben zu erledigen. Er macht aber viele Fehler.

Seine Eltern berichten, dass das Zusammenleben mit ihm auf-

grund der extremen Umtriebigkeit, der häufigen Wutausbrüche und der geringen Verantwortlichkeit sehr schwierig ist. Peter braucht offensichtlich auch nur wenig Schlaf. Oft ist er auch am Wochenende schon um fünf oder sechs Uhr wach, obwohl er erst gegen 22 Uhr zu Bett gegangen war. Er verhält sich meist sehr rücksichtslos. Türen werden zugeschlagen. Er schaut fern, obwohl er es nicht darf.
Eine angemessene Kooperation mit ihm ist äußerst schwierig, weil er Bitten und Ratschlägen nicht folgt. Trotz vielfacher Ermahnungen und auch Strafen zeigt er immer wieder unerwünschte Verhaltensweisen.
Peter zeigt im Kontakt mit Gleichaltrigen ein ähnliches Verhalten, sodass er zunehmend abgelehnt und ausgeschlossen wird. Die schulischen Leistungen werden immer schlechter, die Versetzung ist gefährdet.
In der Schule gelingt es ihm nur ansatzweise, sich an die Regeln zu halten. Oft wird die Mutter von der Klassenlehrerin angerufen, die sich sehr über Peter beklagt. Zweimal hat die Mutter ihn schon mitten im Unterricht nach Hause holen müssen.

So oder ähnlich fallen die Schilderungen vieler Eltern eines Kindes mit ADS aus. Die Eltern und auch andere Bezugspersonen (Großeltern Geschwister, Lehrer usw.) sind meist sehr stark belastet, hilflos und nicht selten auch psychisch schon deutlich beeinträchtigt. Bei ihnen treten häufig Nervosität und Reizbarkeit, Erschöpfungszustände, psychosomatische Beschwerden usw. auf.

Bei einem ADS bestehen die Symptome nicht nur vorübergehend, sondern schon vom Kleinkindalter an.

Die Beziehung zum Problemkind verschlechtert sich im Lauf der Jahre zunehmend. Aber nicht nur die Eltern leiden unter der Hyperaktivität und der damit verbundenen Unkonzentriertheit ihrer Kinder. Die Kinder selbst leiden am meisten unter der Ablehnung, die sie erfahren. Sie werden oft zu Außenseitern und entwickeln dadurch noch weitere Probleme. Es beginnt ein Teufelskreis, der nur sehr schwer zu durchbrechen ist.

Merkmale einer Aufmerksamkeitsstörung

Bei allen individuellen Unterschieden gibt es doch einige Gemeinsamkeiten, die man als Kernsymptome eines ADS bezeichnen kann.

- Im Vordergrund der Problemverhaltensweisen stehen *massiv reduzierte Aufmerksamkeit und geringes Durchhaltevermögen,* die sich situationsunabhängig zeigen, d. h. nicht nur zu Hause und nicht nur bei Leistungsanforderungen, sondern auch in der Freizeit.

- *Impulsivität und Hyperaktivität* sind weitere wichtige Symptome des ADS. Impulsiven Kindern gelingt es schlecht, ihre gedanklichen und gefühlsmäßigen Impulse zu kontrollieren. Sie sind z. B. unangepasst laut, rasch wütend und greifen andere an, zerstören Spielsachen usw. Sie verlassen ihren Platz während des Unterrichts und können nicht warten, bis sie an die Reihe kommen. Hyperaktivität ist durch eine ungewöhnliche motorische Unruhe charakterisiert. Allerdings kann auch ohne Vorliegen von Hyperaktivitätssymptomen ein ADS vorliegen. Diese Kinder sind verträumt und schweifen in ihren Gedanken ständig ab.

- *Die Symptome haben schon im Vorschulalter bestanden,* d. h. das Kind war schon immer so. Die genannten Verhaltensweisen haben schon bisher zu eindeutigen Beeinträchtigungen geführt (z. B. zu schulischen Problemen).

Von einem Aufmerksamkeitsdefizitsyndrom geht man aus, wenn das Problemverhalten schon früh in der Entwicklung des Kindes aufgetreten ist, wenn es massiv und in vielen Lebenssituationen auftritt und es kaum gelingt erzieherisch einzuwirken.

Die Diagnosestellung

Es muss betont werden, dass es sich bei den genannten Merkmalen lediglich um die Beschreibung typischer Symptome handelt, d. h. die Diagnose basiert auf Symptombeschreibungen und nicht auf einer eindeutig bestimmbaren organischen Ursache.

Aus diesem Grunde ist es wichtig, dass die Diagnose nicht leichtfertig erfolgt, sondern von einem erfahrenen Fachmann gestellt wird, der bei einem Verdacht auf eine Aufmerksamkeitsstörung eine spezielle Testung durchführt und sich nicht nur auf die Beschreibung von Symptomen verlässt. Eine Vielzahl der genannten Symptome findet sich auch bei Kindern mit Lernstörungen und bei Kindern mit sozialen Problemen. Es ist deshalb wichtig, eine klare Unterscheidung zu diesen Symptomgruppen sicherzustellen.

Die Diagnose „ADS" erfordert eine umfangreiche Testung des Kindes sowie ausführliche Gespräche.

Im Rahmen einer geeigneten Diagnostik bei einem Fachmann müssen die Eltern und andere Bezugspersonen über das Verhalten des Kindes in unterschiedlichen Situationen Auskunft geben. Der Fachmann wird sich mit Hilfe standardisierter Beobachtungsskalen einen Eindruck vom Verhalten des Kindes in der Untersuchungssituation bilden. Um die intellektuellen Fähigkeiten abzuklären, wird eine Testung der Intelligenz sowie spezifischer Fähigkeiten vorgenommen. Zur Objektivierung der Konzentration erfolgen ebenfalls entsprechende Tests. Für das Verständnis der Lebenssituation des Kindes ist die Erhebung seiner bisherigen Entwicklungsgeschichte ebenso unverzichtbar wie eine Analyse der gegenwärtigen Familienbeziehungen.
Erst nach Erhebung und Abwägung all dieser Daten wird man entscheiden können, ob es sich bei dem Problemverhalten um ein ADS handelt. Eine eingehende medizinische Untersuchung ist empfehlenswert, um andere zugrunde liegende organische Störungen auszuschließen.

Wo liegen die Ursachen?

Man kann mit großer Wahrscheinlichkeit davon ausgehen, dass dem ADS organische Ursachen zugrunde liegen.

Die Ursachen des ADS sind letztlich unbekannt. Es gibt jedoch Untersuchungen, die dafür sprechen, dass dem ADS gestörte Hirnstoffwechselprozesse zugrunde liegen. Einige Wissenschaftler sehen die Ursache in einem biologischen (genetischen) Handicap, das sich in einer eingeschränkten Selbststeuerung des Kindes äußert; es gibt aber nach wie vor auch die Meinung, dass die Ursache in einer unbefriedigenden Beziehung zwischen dem Kind und seiner steuernden Umgebung liegt. Auch die Ernährung wurde immer wieder als Ursache angesehen. Wissenschaftliche Untersuchungen konnten dafür aber keine sicheren Belege erbringen (siehe Kapitel 5).

Trotz vieler Forschungsbemühungen können noch keine Aussagen über eine definitive Ursache gemacht werden. Man wird wohl eher davon ausgehen müssen, dass es nicht nur eine Ursache gibt, sondern mehrere Faktoren eine Rolle spielen. (Zu Behandlungsmöglichkeiten siehe Seite 103 ff.)

Wenn die Konzentrationsprobleme, die fehlende Ausdauer sich vor allem auf schulische Inhalte beziehen, die Kinder und Jugendlichen sich aber sehr wohl konzentriert und ausdauernd mit selbst gewählten Themen beschäftigen können, oft sogar einen großen Teil ihrer Freizeit damit verbringen (z. B. ausdauernd Computer spielen oder basteln usw.) wird man die Ursache für die genannten Konzentrationsprobleme kaum auf Störungen des Hirnstoffwechsels zurückführen können. Man wird als Ursache vermutlich eher eine zu geringe Motivation annehmen können (siehe Kapitel 2–6).

8. Kapitel

Die Grundlagen für konzentriertes Handeln

Um konzentriert lernen zu können, muss das Kind bestimmte Rahmenbedingungen vorfinden. Diese können die Eltern schaffen.

Auf dem Weg zu einer Veränderung

Die Beeinträchtigung der Konzentration eines Kindes hat selten nur eine Ursache. In vielen Fällen ist es nötig, die Hilfe von Fachleuten in Anspruch zu nehmen. Sie können aber auch selbst viel zur Verbesserung der Konzentration, der Ausdauer und der Arbeitshaltung Ihres Kindes beitragen. Doch das erfordert Geduld. Veränderungen werden nur sehr selten unmittelbar zu beobachten sein. Eine Veränderung braucht Zeit, nicht nur bei Ihrem Kind. Auch Sie brauchen Zeit, um etwas an Ihrer Erziehungshaltung, Ihren Wertvorstellungen usw. zu verändern. Lassen Sie sich diese Zeit und setzen Sie sich nicht unter Druck. Setzen Sie sich aber kleine Ziele, deren Erreichen Sie ständig kontrollieren.

Die Rahmenbedingungen

Das Kind muss lernen, Wünsche zurückzustellen und zunächst unangenehmere Dinge zu erledigen.

Wichtiger als mit Ihrem Kind Konzentrationsübungen zu machen und gezielt zu üben, ist es, geeignete Rahmenbedingungen für ein konzentriertes Arbeiten zu schaffen. Das bedeutet nicht nur, einen ruhigen Ort für die Hausaufgaben einzurichten und Ablenkungen fern zu halten. Das Kind muss eine allgemeine Leistungsbereitschaft entwickeln lernen, sich anzustrengen und Bedürfnisse aufzuschieben. Dabei helfen eine unbelastete Familiensituation sowie klare Strukturen und Regeln im Alltag.

Warten können: eine wichtige Fähigkeit

Zur Entwicklung einer guten Leistungsbereitschaft müssen Kinder in der Lage sein, Bedürfnisse aufzuschieben. Bei Kleinkindern können Sie noch sehr häufig beobachten, dass sie Wünsche unmittelbar erfüllt haben wollen. Schulkinder müssen schon in vielen Lebensbereichen gelernt haben, ihre Bedürfnisse zurückzustellen, um sich z. B. über eine Schulstunde hinweg auf die vorgetragenen Inhalte zu konzentrieren. Wie gelingt ihnen dies?

Warten können ist eine Tugend, die Kindern nicht in die Wiege gelegt wird. Sie stellt sich auch nicht durch das Älterwerden einfach wie von allein ein. Kinder müssen das Warten lernen. Sie müssen lernen, unmittelbar auftauchende Wünsche zurückzustellen und erst mal Arbeiten zu erledigen, die Mühe machen. Dann können sie zu einem späteren Zeitpunkt die Früchte dieses Wartens ernten. So muss ein Schüler der dritten Klasse in der Lage sein, zunächst seine Hausaufgaben vollständig und sorgfältig zu erledigen, möglicherweise noch Stoff für eine bevorstehende Klassenarbeit vorzubereiten und seinen Ranzen für den nächsten Tag zu packen. Das ist nur möglich, wenn er andere Interessen zumindest kurzfristig zurückstellt.

Wir haben gesehen, dass es in unserer schnelllebigen, vom Konsum bestimmten Zeit für Kinder schwierig ist, sich bei der Vielfalt von Konsum- und Unterhaltungsangeboten auf etwas zu konzentrieren, das nicht unmittelbar Erfolg abwirft. Kinder sind dem Überangebot an äußeren Reizen weitgehend orientierungslos ausgeliefert. Sie brauchen Unterstützung und Führung, vor allem durch ihre Eltern.

Lehren Sie Ihr Kind, Bedürfnisse aufzuschieben

1. Schritt: Analysieren Sie Ihre Familiensituation

- Versuchen Sie, sich zunächst einmal einen Überblick über die vielfältigen Angebote in Ihrer Familie zu verschaffen. Nehmen Sie sich die Zeit, eine Übersicht über die Aktivitäten Ihres Kindes zu erstellen.

- Schreiben Sie auf, wie es Ihrem Kind bei bestimmten Tätigkeiten gelingt, Bedürfnisse zurückzustellen. In welchen Bereichen übernimmt es keine oder wenig Verantwortung? Wie kann es (in welchen Bereichen) mit Enttäuschungen und Misserfolgen umgehen?

- Schreiben Sie aber auch auf, bei welchen Tätigkeiten sich Ihr Kind ausdauernd beschäftigt, Verantwortung übernimmt und einen nicht unerheblichen Aufwand treibt, um sein Ziel bzw. einen Erfolg zu erreichen.

Setzen Sie für diese Beobachtung etwa eine Woche an. So erhalten Sie eine gute Übersicht über die „Stärken und Schwächen" Ihres Kindes.

2. Schritt: Beschäftigt sich Ihr Kind vorwiegend aktiv oder passiv?

Nun stellen Sie vielleicht fest, dass Ihr Kind sich besonders viel mit passiven Tätigkeiten beschäftigt, z. B. Fernsehschauen, Musikhören und Computerspielen. Obwohl diese Tätigkeiten für das Kind unter Umständen einen Lernzuwachs bringen, sind sie doch passiv und verlangen nur wenig Anstrengung. Ähnlich verhält es sich bei Spielen, die vom Kind selbst gewählt werden, unter Umständen deshalb, weil sie seinen Fähigkeiten sehr nahe kommen und auch dadurch mit weniger Anstrengung verbunden sind.

Anders sieht es z. B. beim Lesen aus, beim Erledigen häuslicher Pflichten, beim Training in bestimmten Sportbereichen, bei der Musik, beim Erledigen von Hausaufgaben oder bei der Vorbereitung von Klassenarbeiten. Diese Tätigkeiten sind mit hohem Aufwand verbunden und bedürfen regelmäßiger Übung bzw. eines systematischen Trainings. Sie sind nicht unmittelbar mit Erfolgen verbunden, sondern setzen Frustrationstoleranz voraus.

Erstellen Sie nun eine Liste von Tätigkeiten, die Sie bei Ihrem Kind verändern möchten. Konzentrieren Sie sich auf zwei oder drei zu verändernde Verhaltensweisen. Mehr sollten es nicht sein, da Sie sonst leicht die Übersicht verlieren. Es wird vor allem darauf ankommen, dass Sie konsequent Ihre Erwartungen durchsetzen. Das bedeutet selbstverständlich Mühe. Sie würden sich sicherlich freuen, wenn Sie Ihrem Kind nur sagen müssten, es solle die Zähne putzen, sich waschen, seinen Ranzen richten und es diesen Wünschen sofort nachkäme. Doch die Wirklichkeit sieht oft anders aus. Sie müssen dafür sorgen, dass Ihr Kind diesen Aufforderungen nachkommt. Sagen Sie nicht alles zehnmal. Bitten Sie Ihr Kind allenfalls zweimal und veranlassen Sie dann die sofortige Durchführung. Lassen Sie andere Aktivitäten Ihres Kindes nicht zu, bis es seine Aufgabe erledigt hat. Aber vermeiden Sie Drohungen, denn sie können oft überhaupt nicht eingehalten werden. Versuchen Sie, Ihre Vorstellungen möglichst sachlich umzusetzen. Vermitteln Sie Ihrem Kind Anerkennung, wenn es seine Aufgaben angemessen erledigt hat.

3. Schritt
Welche Veränderungen sind wünschenswert?

Die Ziel-Liste

Es ist hilfreich, sich anhand einer Ziel-Liste selbst in den eigenen Bemühungen zu kontrollieren. Halten Sie auf einem Zielprotokoll Ihre eigenen Ziele fest und protokollieren Sie jeden Tag, wie es Ihnen gelungen ist, Ihre Ziele einzuhalten.

	Mo	Di	Mi	Do	Fr	Sa	So
Ich will darauf achten, dass mein Kind seine Kleidung aufräumt.							
Ich will dafür sorgen, dass es seine Aufgaben in seinem Zimmer macht.							

(Wenn Ihnen die Umsetzung Ihres Ziels gelungen ist, tragen Sie ein „+“, wenn es Ihnen nicht gelungen ist, ein „–“ beim entsprechenden Wochentag ein.)

Ziehen Sie am Ende der Woche eine erste Bilanz Ihrer Bemühungen. Was haben Sie bei Ihrem Kind bewirken können? Vielleicht erkennen Sie bereits erste Ansätze für eine Veränderung.

Veränderungen brauchen Zeit und werden nur mit Konsequenz erreicht.

Es ist allerdings auch bei äußerst konsequentem Bemühen nicht zu erwarten, dass sich alles in einer Woche verändert. Sie müssen von vielen Wochen „harter Arbeit" ausgehen. Bestimmt stellen Sie fest, dass es auch Ihnen nicht leicht fällt, an Ihrem Ziel dran zu bleiben. Tauschen Sie sich mit anderen (Ihrem Partner, einem Freund, einer Freundin) über Ihre Absichten und Erfahrungen aus. Dies wird Ihre Bemühungen unterstützen.

Der Umgang mit Taschengeld

Was hat Taschengeld mit Konzentration zu tun? Zunächst natürlich gar nichts. Doch im Zusammenhang mit dem Erlernen eigenverantwortlichen Lernens und der Fähigkeit, Bedürfnisse aufzuschieben, sehr viel. Denn wer sein Geld einteilen muss, lernt Wünsche aufzuschieben und Konsequenzen zu tragen.

Wenn ein Kind Taschengeld zur freien Verfügung hat, lernt es den Umgang mit Ansprüchen und Bedürfnissen. Geben Sie Ihrem Kind ein angemessenes Taschengeld und überlassen Sie ihm dann die Finanzierung eines Großteils seiner Bedürfnisse. Wenn Ihr Kind etwas haben möchte (z. B. eine CD), soll es dies aus eigenen Mitteln finanzieren. Auf diese Weise lernt es, mit Ansprüchen und Bedürfnissen umzugehen.

Es muss, um sich bestimmte Wünsche erfüllen zu können, auf andere verzichten. Es muss bei größeren Wünschen warten, bis es genügend Geld zur Verfügung hat. All das trägt zu Verantwortlichkeit und Ausdauer bei.

Wie viel Taschengeld ist angemessen?

Sie können schon im Grundschulalter beginnen, Ihrem Kind Taschengeld zu geben. Der Betrag muss sich natürlich an Ihren eigenen Mitteln orientieren. Deshalb können die im Folgenden genannten Beträge nur allgemeine Hinweise sein. Als Anhaltswert gilt folgende Empfehlung:

Für ein sechsjährigen Kind 2,50 Euro pro Monat. Der Betrag erhöht sich mit jedem Lebensjahr um weitere 2,50 Euro, ab dem 13. Lebensjahr um 5 Euro.

Da diese Beträge nicht niedrig sind, müssen Sie unbedingt konsequent sein. Achten Sie darauf, dass Sie nicht immer wieder für Bedürfnisse aufkommen, die Ihr Kind selbst bestreiten müsste. Überlegen Sie sich deshalb zuvor genau, was Ihr Kind selbst finanzieren soll. Nur wenn Sie konsequent sind, kann Ihr Kind den verantwortungsbewussten Umgang mit Geld und seinen eigenen Bedürfnissen lernen.

Werte und Regeln sorgen für Struktur

Wertvorstellungen scheinen auf den ersten Blick wenig mit Konzentration zu tun zu haben. Doch indirekt beeinflussen sie die Motivation eines Kindes in erheblicher Weise. Regeln und Wertvorstellungen haben viel mit Selbstdisziplin und der Steuerung von Impulsen zu tun. Sie bereiten den Boden, auf dem das Zurückstellen von Bedürfnissen und der Verzicht auf dauernde Konsumansprüche leichter erlernt werden. Wertvorstellungen sind zwangsläufig nicht unabhängig von den Haltungen und Vorstellungen der Eltern. In früheren Jahrzehnten gab es viele Redensarten, die solche Werthaltungen zum Ausdruck brachten

Wenn ein Kind klare Strukturen erlebt, erlernt es leichter Selbstdisziplin und Beharrlichkeit.

und als Merksatz helfen sollten, sich diese zu Eigen zu machen: „Ehrlich währt am längsten“, „Ordnung ist das halbe Leben“. Die Reihe ließe sich fortsetzen. Diese Grundsätze haben als Erziehungshilfe an Bedeutung verloren. Auch ihre Inhalte sind in Vergessenheit geraten. Auch wenn Werte nie „absolut“ richtig oder falsch sind und immer wieder an gesellschaftliche Veränderungen angepasst werden müssen, ist es wichtig, dass Eltern darüber nachdenken, welche Werte sie ihren Kindern vermitteln und wie sie diese umsetzen wollen. Dazu einige Beispiele:

Umweltbewusstsein

- Kinder sollten sorgsam mit unserer Umwelt umgehen lernen. So sollten sie z. B. ihren Müll immer selbst und unverzüglich entsorgen. Sie sollten auch lernen, sparsam mit Energie umzugehen und z. B. Lichtquellen, die nicht gebraucht werden, immer abschalten.

Ordnung und Rücksicht

- Kinder müssen lernen, mit eigenen Dingen (Spielsachen usw.) schonend umzugehen; sie müssen sich dafür verantwortlich fühlen, dass Gebrauchsgegenstände nach der Nutzung an ihren Platz gebracht werden. Das heißt z. B., dass Kinder nach dem Spiel ihre benutzten Fahrräder, Bälle usw. nicht in Garten, Wald oder Wiese liegen lassen, sondern sie wieder nach Hause bringen. Das ist nur möglich, wenn Kinder lernen, Rücksicht zu nehmen, Vorsicht walten zu lassen und sich zu kontrollieren.

> Kinder lernen solche Werte meist nicht von allein. Sie brauchen Eltern, die sie ihnen vorleben und sie immer wieder dazu anhalten. Das ist nicht immer einfach und gerät oft in Konflikt mit der nicht zu übersehenden Konsumhaltung unserer Gesellschaft.

Nehmen Sie diese wenigen Beispiele zum Anlass darüber nachzudenken, wie Sie es in Ihrer Familie mit Werten halten. Womit sind Sie zufrieden? Was können Sie so lassen? Wo sollten Sie sich um Veränderungen bemühen? Wenn Sie Nachbesserungsbedarf entdeckt haben, versuchen Sie für sich ein konkretes Handlungsziel abzuleiten (ich will ...) und halten Sie es schriftlich fest. Protokollieren Sie Ihre regelmäßigen Bemühungen.

Emotionale Stabilität

Wenn ein Kind Probleme mit sich hat, kann es sich nicht auf die Schule konzentrieren.

Die Konzentration und die Leistungsbereitschaft eines Kindes werden in besonderer Weise von emotionalen Belastungen beeinflusst. Wenn es Probleme gibt, die das Kind gefangen nehmen, bleibt ihm nur wenig Raum für Konzentration und Aufmerksamkeit in der Schule. Solche Belastungen können bei Kindern und Jugendlichen unterschiedlichste Ursachen haben. Manchmal hat ein Kind mit sich selbst Probleme; dies ist vor allem bei Jugendlichen in der Pubertät der Fall. Es handelt sich dabei im Wesentlichen um Schwierigkeiten der Akzeptanz der eigenen Person und das Ringen um eine eigene Identität. Dieser Prozess kostet viel Kraft und lässt deshalb kaum Aufmerksamkeit für andere Aufgaben übrig. Andere Kinder und Jugendliche sind vielleicht mit den gestellten Anforderungen in Schule und Beruf überfordert und befinden sich deshalb oft in Versagenssituationen. Manche Kinder leben in Konflikt mit ihrer Umgebung, fühlen sich abgelehnt oder werden von Gleichaltrigen gemobbt.

Die familiären Beziehungen

Eine weitere wichtige Ursachenquelle für emotionale Belastungen stellen die familiären Beziehungen selbst dar. Von besonderer Bedeutung ist dabei die Beziehung der Eltern zueinander. Auch wenn viele Eltern meinen, dass ihre Konflikte für die Kinder nicht wahrnehmbar seien, trifft dies keineswegs zu. Zwar können jüngere Kinder die Beziehungsprobleme nicht differenziert wahrnehmen, spüren aber die Bedrohung, die für sie davon ausgeht. Diese Angst lähmt und verunsichert und kann kaum Grundlage für eine intensive Lernanstrengung sein. Die Angst beschäftigt das Kind immer wieder in Gedanken und Gefühlen, sodass es nicht mehr gelingt, sich auf andere Dinge angemessen zu konzentrieren.

Schauen Sie sich Ihre eigene emotionale Situation genau an. Ziehen Sie Bilanz. Wie geht es Ihnen, wie steht es mit Ihrer eigenen Belastung? Wie geht es Ihrer Ehe? Haben Sie genügend Zeit füreinander und für die Bedürfnisse der Kinder? Was würden Sie gern verändern? Was funktioniert gut? Wenn Sie eine positive Bilanz ziehen können, sollten Sie prüfen, ob es Hinweise dafür gibt, dass bei Ihrem Kind unabhängig von Ihrer Familiensituation eigene Belastungen bestehen (z. B. durch Probleme mit Gleichaltrigen, depressive Verstimmungen im Rahmen von Pubertätskonflikten usw.).

9. Kapitel

Gezielte Maßnahmen zur Förderung der Konzentration

Auch beim Spielen kann die Konzentration gefördert werden. Darüber hinaus sind spezielle Arbeitstechniken sehr hilfreich.

Spiele zur Konzentrationsförderung

Eine Vielzahl von Spielen und Übungsprogrammen wurde speziell zur Förderung der Konzentration entwickelt. Natürlich ist es sinnvoll, hier auch gezielt zu üben. Doch keinesfalls darf das Kind dabei überfordert werden. Sonst besteht sehr leicht die Gefahr, dass sich das Kind verweigert und jede Anstrengung ablehnt. Auf jeden Fall muss der – zunächst einmal zweckfreie – Spaß im Mittelpunkt stehen. Und nicht zu vergessen: Es wird kaum etwas bringen, täglich 15 Minuten ein Übungsprogramm zu absolvieren, das Kind danach aber wieder zum Gameboy zu entlassen. Nachhaltigen Erfolg haben diese gezielten Maßnahmen vielmehr erst auf der Basis der veränderten Rahmenbedingungen, wie sie in Kapitel 8 beschrieben worden sind.

Jedes Spiel fördert die Ausdauer des Kindes, wenn es sich an die Regeln hält und nicht vorzeitig aufgibt.

Spiele stellen eine hervorragende Möglichkeit dar, die Konzentrationsfähigkeit eines Kindes zu verbessern. Zunächst haben aufmerksamkeitsgestörte Kinder oft auch beim Spielen Schwierigkeiten, bei der Sache zu bleiben. Viele Eltern geben dann bald entmutigt auf („es macht keinen Spaß mit ihm zu spielen; er gibt immer gleich auf, wenn etwas nicht klappt, oder er fegt alles vom Tisch“); doch ohne Übung, ohne regelmäßige Auseinandersetzung mit problematischen Inhalten wird es für das Kind keinen Fortschritt geben. Wie soll ein Kind in einem Spiel angemessenes Verhalten lernen, wenn die Eltern den zu erwartenden Problemen aus dem Weg gehen und möglichst gar nicht mehr mit ihm spielen?

Was die Eltern tun können:

- Nehmen Sie sich vor, mit Ihrem Kind etwa dreimal die Woche zu spielen.

- Orientieren Sie sich bei der Wahl der Spielinhalte zunächst vor allem an den Interessen, den Möglichkeiten und dem Alter Ihres Kindes.

- Vermeiden Sie es, Ihr Kind zu überfordern. Achten Sie deshalb darauf, dass die gewählten Spiele nicht zu schwierig sind und nicht zu lange dauern.

- Um die Frustration Ihres Kindes in erträglichem Rahmen zu halten, dürfen die Anforderungen an das konzentrationsgestörte Kind nur langsam steigen.

- Sie sollten auch eigene Interessen nicht völlig außer Acht lassen, denn das Spielen soll auch Ihnen Freude bereiten.

Welche Spiele sind geeignet?

Manche Verlage bieten Spiele an, die insbesondere zur Verbesserung der Konzentration entwickelt wurden (z. B. Differix). Natürlich können Sie diese Spiele einsetzen, wobei andere Spiele aber nicht weniger geeignet sind. Jedes Spiel ist gut. Gesellschaftsspiele können genauso zum Einsatz kommen wie Konstruktions- (Lego, Bauklötze) oder Ballspiele oder Rollen- und Geschicklichkeitsspiele. Aber auch gemeinsames Basteln, Vorlesen und das Anschauen von Bilderbüchern fördern die Ausdauer Ihres Kindes. Die Auswahl der Spiele hängt im Wesentlichen von Ihren Zielen ab. Wählen Sie die Spiele also danach aus, was Sie Ihrem Kind in und durch die Spiele vermitteln wollen.

Auch gemeinsame kreative Tätigkeiten fördern die Konzentration des Kindes.

Was können Sie Ihrem Kind im Spiel vermitteln?

- Es soll lernen zu warten, bis es an die Reihe kommt (Bedürfnisse aufschieben und Impulse kontrollieren).

- Es soll lernen, den Spielverlauf zu beobachten und eigenes Handeln danach auszurichten.

- Es soll die gesamte Spielzeit bis zur Beendigung durchhalten, auch wenn das Spiel für das Kind nicht so erfolgreich verläuft.

- Es soll mit Misserfolgen umgehen lernen.

- Es soll lernen, Regeln einzuhalten.

Stellen Sie sich darauf ein, dass ein Spiel oder gezielte Übungen mit Ihrem Kind nicht problemlos verlaufen werden.

Bereits die Tatsache, dass Sie mit Ihrem Kind mehrmals die Woche spielen, wird zu einer gewissen Verbesserung seiner Konzentration führen. Deutliche und mittelfristig stabile Veränderungen werden allerdings nur erreicht, wenn Sie gezielt mit dem zu erwartenden Problemverhalten des Kindes umgehen und ihm somit zu anderem Verhalten verhelfen.

Sie sollten sich schon vor dem Spiel bewusst sein, dass es zu Störungen kommt, und darauf vorbereitet sein. Reagieren Sie deshalb nicht übermäßig frustriert oder ärgerlich, wenn Ihr Kind die Lust verliert, nicht mehr mitmachen will oder auf Misserfolge aggressiv oder weinerlich reagiert.

Wie unterstützen Sie die Lernfortschritte Ihres Kindes?

Konzentration und Ausdauer verbessern sich nicht automatisch dadurch, dass man das richtige „Konzentrationsspiel“ macht oder die richtigen Materialien als Übungsinhalte mit dem Kind „durcharbeitet“. Die größte Bedeutung für Veränderungen kommt den Rahmenbedingungen (Struktur) zu, die Sie durch Ihr Erziehungsverhalten wesentlich mitgestalten können.

Dabei spielen die erzieherische Konsequenz und der Rahmen, den Sie für die von Ihrem Kind zu erbringende Leistung schaffen, sowie die Rückmeldung – vor allem die Bestätigung und Anerkennung – für Ihr Kind die wichtigste Rolle.

Selbststeuerung unterstützen

Setzen Sie sich, bevor Sie mit dem Spiel beginnen, neben Ihr Kind. Sie haben so die beste Möglichkeit, Einfluss auszuüben. Wenn Ihr Kind kaum abwarten kann, bis es an die Reihe kommt, berühren Sie es immer wieder, wenn es handeln will, am Arm. So signalisieren Sie ihm, dass es noch nicht dran ist und noch etwas abwarten muss. Vermeiden Sie ständiges Kritisieren („wie oft soll ich dir noch sagen, dass du … "). Mit älteren Kindern (ab dem siebten bis achten Lebensjahr) können Sie versuchen, dieses Warten als anzustrebendes Ziel für einen vorher festgelegten Zeitraum während eines Spieles („versuche bitte darauf zu achten …") abzusprechen. Aber auch unter dieser Absprache wird es immer wieder nötig werden, das Kind in der beschriebenen Weise in seinen Selbststeuerungsbemühungen zu unterstützen.

Der Umgang mit Störungen

Wenn das Kind aufgeben will oder in Wut ausbricht, müssen Sie konsequent bleiben.

Es ist unvermeidlich, dass es im Verlauf von Spielen zu Wutausbrüchen kommt oder das Kind frustriert aufgeben will. Diese Störungen sind ein Bestandteil der Schwierigkeiten des Kindes. Seien Sie also nicht überrascht oder enttäuscht. Bestehen Sie konsequent ohne viel Emotionen, aber auch ohne Ihrem Kind Vorwürfe zu machen, auf die Einhaltung der Rahmenbedingungen, d. h., dass das Spiel zu Ende geführt wird, das Kind auf seinem Platz bleibt und die Regeln eingehalten werden. Wählen Sie anfangs Spiele aus, die nicht allzu lange dauern. Beginnen Sie nicht gleich mit Spielen, die 30 Minuten und mehr beanspruchen. Sie können die zeitlichen Anforderungen im Verlauf der

Kinder müssen auch lernen, mit Misserfolgen umzugehen.

folgenden Wochen allmählich steigern. Beachten Sie bei der Wahl des Spiels auch, dass das Kind Chancen hat, erfolgreich zu sein. Gerät das Kind in Wut oder Enttäuschung, weil es sich nicht als erfolgreich erlebt, sprechen Sie ihm Mut zu. Brechen Sie das Spiel deswegen nicht ab; bestehen Sie vielmehr darauf, dass das Spiel beendet wird. Auch Misserfolge müssen ertragen werden. Warten Sie, bis Ihr Kind sich beruhigt hat und das Spiel fortgesetzt werden kann. Wenn das Kind seinen Platz vorzeitig verlassen will, hindern Sie es daran. Das Kind muss lernen, dass Abmachungen und Vereinbarungen eingehalten werden müssen. Das wird ihm umso besser gelingen, je konsequenter die Eltern darauf bestehen.

Trainingsprogramme

Es gibt eine Vielzahl spezieller Materialien zur Förderung von Konzentration und Ausdauer für unterschiedliche Altersstufen (auch für Vorschulkinder). Beispielhaft für viele andere werden einige Materialien im Anhang aufgeführt. Im Gegensatz zu Spielen sind diese Vorlagen als Übungsmaterialien rasch erkennbar und haben trotz eingebauter Geschichten u. Ä. meist wenig Unterhaltungswert für das Kind. Allzu oft erinnern sie an schulische Inhalte.

Die Eltern werden hier häufiger mit Motivationsproblemen zu kämpfen haben als bei Spielen, bei denen das Kind weitaus mehr Freude und auch Erfolge erwartet.

Der Aufbau

Viele Konzentrationsprogramme sind gut strukturiert und führen das Kind wie in einem Fahrplan durch die Materialien. Oft sind diese in einem zeitlichen Plan geordnet, sodass Sie genaue Vorgaben für jeden Übungstag haben.

Inhaltlich muss das Kind meist Vergleiche von ähnlichen Bildvorgaben vornehmen; es muss Fehler finden, gleiche Figuren identifizieren, Wege durch Labyrinthe finden usw. Die meisten Aufgaben sind bezüglich der intellektuellen Anforderungen an das Kind eher gering und können somit nur bedingt die schulische Wirklichkeit widerspiegeln. Daher kann man nicht davon ausgehen, dass das Gelernte automatisch positive Auswirkungen auf den schulischen Erfolg oder das Erledigen der Hausaufgaben hat.

Bei Übungsprogrammen ist ein Fortschritt nur durch Regelmäßigkeit zu erreichen. Auch hier sind die Rahmenbedingungen, die Sie durch Ihr Erziehungsverhalten entscheidend beeinflussen können, von besonderer Bedeutung.

Belohnung und Anerkennung

Anerkennung und Bestätigung für das Kind sind, wenn ein Übungsprogramm oder andere Maßnahmen (auch ein Spiel) erfolgreich sein sollen, unverzichtbar. Achten Sie darauf, Ihrem Kind auch für das Erreichen kleiner Fortschritte Anerkennung zu vermitteln. Insbesondere bei Kindern mit Schwächen in bestimmten Bereichen (z. B. im Rechtschreiben) ist es außerordentlich wichtig, ihren Stärken in anderen – auch außerschulischen – Bereichen Beachtung zu schenken. Sie brauchen unbedingt auch einmal Erfolgserlebnisse, um ihr Selbstwertgefühl zu stärken.

Das Belohnungssystem

Manche Programme belohnen die Bearbeitung der Übungsblätter mit einem Punktesystem. Das Kind erhält, wenn es bestimmte Ziele erreicht hat (z. B. eine bestimmte Anzahl gefundener Fehler oder richtiger Lösungen), Punkte oder Stempel, die es in zuvor festgelegte Gegenwerte umtauschen kann. Diese Möglichkeit des Umtauschs soll als Anreiz die Motivation des Kindes verstärken. Als Belohnung für das Erreichen der festgelegten Ziele empfiehlt es sich, auf materielle Werte zu verzichten (Autos, Puppen, Süßigkeiten usw.) und stattdessen auf so genannte soziale „Verstärker" zurückzugreifen (gemeinsame Unternehmungen von Eltern und Kind).

Belohnungen, auch kleinere, haben eine positive Auswirkung auf die Motivation Ihres Kindes.

Ob solche Verstärker (Belohnungen) für ein Kind attraktiv sind, ist vom einzelnen Kind abhängig und muss von den Eltern geklärt werden. Wie bei allen Belohnungssystemen besteht immer eine gewisse Gefahr, dass ein Kind eine bestimmte Leistung nur erbringt, um die Belohnung zu erhalten. Wenn man aber bedenkt, wie motivierend ein Stempel der Lehrerin unter einer Arbeit auf ein Kind wirken kann, kommt dem Wert solcher Verstärker durchaus positive Bedeutung zu.

Letztlich stellen die „Punkte" oder „Stempel", die ein Kind für eine bestimmte Leistung erreicht, auch eine Rückmeldung über Erfolg oder Misserfolg dar und sind somit eine wichtige Quelle seines Selbstwertgefühls. Natürlich sollten diese Rückmeldungen immer auch mit entsprechender Anerkennung durch die Bezugspersonen verbunden sein. Besonders attraktiv für viele Kinder sind, wie bereits erwähnt, gemeinsame Unternehmungen mit den Eltern. Kinder strengen sich oft sehr an, wenn sie dadurch mit „Zeit" von den Eltern belohnt werden.

Die Rückmeldung darüber, ob ein Arbeitsergebnis richtig oder falsch ist, ist unverzichtbar für einen Lernfortschritt und für viele Kinder allein schon eine wichtige Quelle der Zufriedenheit.

Eine Rückmeldung darf niemals vernichtend sein und den Wert des Kindes in Frage stellen. Denn damit wird das Selbstwertgefühl des Kindes nachhaltig geschädigt. Äußerungen wie „wie kann man nur so blöd sein", „wenn du so weiter machst, kannst du später mal die Straße kehren" usw. entspringen zwar in der Regel elterlicher Hilflosigkeit, wirken aber nicht besonders motivierend, sondern beeinträchtigen vielmehr das Selbstwertgefühl des Kindes.

Rückmeldungen und Kritik

Rückmeldungen und Kritik über die Arbeitsergebnisse des Kindes sollten konkret und sachlich formuliert sein und dürfen vor allem nicht abwertend sein. Aber auch wenn Sie sich bemühen, Ihre Kritik nicht abwertend zu formulieren, haben Sie keine Gewähr dafür, dass sich Ihr Kind manchmal nicht doch verletzt fühlt und entsprechend reagiert. Dieses Gefühl können Sie ihm nicht ersparen.

Kontrolliertes Problemlösen

Lehren Sie Ihr Kind, schwierige Aufgaben schrittweise anzugehen.

Ziel Ihrer Erziehungsbemühungen um eine bessere Konzentrationsfähigkeit Ihres Kindes ist es, ihm zu mehr Verantwortlichkeit und zu einer eigenen Struktur zu verhelfen. Dies gelingt besser, wenn das Kind eine stufenweise Vorgehensweise erlernt, mit der es sich Schritt für Schritt der Lösung eines Problems nähern kann.

Besonders wichtig ist dieses schrittweise Arbeiten bei komplexeren Aufgabenstellungen, die über das bloße Vergleichen ähnlicher Figuren hinausgehen.

Das im Folgenden beschriebene Vorgehen ist auf jede Aufgabe anwendbar, unabhängig davon, ob es sich um die Lösung einer Textaufgabe, einer Bildergeschichte oder anderer Aufgaben handelt. Es ist im Rahmen eines oben beschriebenen Übungsprogramms ebenso anwendbar wie bei den Hausaufgaben.

Das erfolgreiche Lösen einer Aufgabe ist nur möglich, wenn eine klare Vorstellung von der Aufgabenstellung besteht. Das Kind muss also wissen, was es machen soll, und es muss planvoll vorgehen.

Dennoch verhalten sich viele Kinder anders. Sie arbeiten drauf los, reagieren impulsiv und probieren meist nur auf Verdacht aus, ohne den Sinn der Aufgabenstellung verstanden zu haben.

1. Schritt Der erste Schritt einer erfolgreichen Aufgabenlösung besteht darin, dass das Kind sich zunächst fragt:
„Was habe ich hier überhaupt zu tun; was ist meine Aufgabe; worum geht es bei dieser Aufgabe?"

Dabei hilft es ihm, wenn es nach dem Lesen der Aufgabenstellung genau überlegt, was alles zum Problem gehört. Es soll sich orientierend mit der Aufgabe beschäftigen, bei jedem Satz, den es gelesen hat, innehalten und herausfinden, was damit gemeint ist usw. Das Kind muss am Ende dieses ersten Schrittes eine klare Vorstellung davon haben, was es zu tun hat.

Ein Problem kann man meist besser lösen, wenn man sich überlegt, ob man nicht schon einmal mit einer ähnlichen Aufgabe konfrontiert war. Es geht darum, bestehende Erfahrung und Wissen zu aktivieren und in der aktuellen Situation zu nutzen.

2. Schritt Als zweiten Schritt überlegt sich das Kind:
„Kenne ich eine solche oder ähnliche Aufgabe schon, habe ich schon einmal damit zu tun gehabt; wie habe ich das damals gemacht, was kann ich davon jetzt nutzen?"

Das Kind soll sich Zeit nehmen, seine Erinnerung zu durchforsten und nach ähnlichen Aufgabenstellungen zu suchen.

3. Schritt

Hat das Kind eine klare Vorstellung von der Aufgabenstellung entwickelt und sich an frühere Erfahrungen mit ähnlichen Problemen erinnert, geht es beim nächsten Schritt darum, einen Lösungsweg zu überlegen und zu einer Entscheidung zu kommen.

Die Frage, die sich das Kind zu diesem Zeitpunkt stellen muss, lautet:
„Wie kann ich vorgehen; was muss ich machen, um die Aufgabe zu lösen?“

Dabei empfiehlt es sich, zunächst einige Vorgehensalternativen in Erwägung zu ziehen, sie auf ihre Tauglichkeit hin zu überprüfen und sich dann für die beste zu entscheiden. Es kann sich dabei um ganz einfache Vorgehensweisen handeln, z. B. das Suchen von Kopierfehlern beim Vergleich ähnlicher Bilder. Das Kind überlegt, ob es die Bilder beim Vergleichen mittels einer Schablone in gleich große Teile „zerlegt“ und von links nach rechts und von oben nach unten systematisch vorgehend vergleicht oder ob es erst mal drüberschaut und dann, wenn es nicht alle Fehler gefunden hat, in einem zweiten Schritt genauer und systematischer vergleicht.

4. Schritt

Bei komplizierteren Aufgabenstellungen, z. B. einer Textaufgabe, einer Bildergeschichte oder Denkaufgaben, wie sie sich in entsprechenden Trainingsunterlagen finden, ist das Suchen und Finden von Lösungsmöglichkeiten und die Entscheidung für die geeignete Strategie wesentlich anspruchsvoller und in ganz entscheidendem Maße von den intellektuellen Fähigkeiten des Kindes abhängig.

Die Eltern können ihr Kind bei vergleichenden Problemstellungen, z. B. bei einer Aufgabe, bei der das Kind herausfinden soll, welches von mehreren Bildern logisch nicht zu den übrigen passt, in einem Dialog bei seiner Entscheidungsfindung unter-

stützen. Dabei führen sie das Kind durch Fragen zu Vermutungen über wesentliche Gemeinsamkeiten der Bilder:
„Was haben diese Bilder gemeinsam? Finden sich die Merkmale, die du gefunden hast, bei allen Bildern wieder? Bei welchen Bildern bist du sicher, bei welchen nicht?"

Wenn das Kind so geführt wird, kann es eigene Denkstrukturen erweitern und in der Anwendung erproben und festigen.

Die beste Strategie und das beste Lösungskonzept bleiben erfolglos, wenn die Durchführung oberflächlich erfolgt. Das Kind muss also auf die wesentlichen Lösungsaspekte achten:
„Ich muss darauf achten, dass ich nichts vergesse und übersehe. Ich muss z. B. darauf achten, dass der Hut des Mannes spitz zuläuft und nach links zeigt. Ich muss langsam arbeiten."

Es ist hilfreich, wenn das Kind dabei leise mitredet und sich vorsagt, was es zu tun hat. Das Mitsprechen, d. h. die sprachliche Begleitung einer Tätigkeit, verbessert die Konzentration und die Selbststeuerung.

5. Schritt

Nicht immer klappt alles problemlos; manchmal werden für das Kind im Lösungsvorgang Widersprüche deutlich und Fehler erkennbar. Es muss deshalb möglichst schon vor Beginn seiner Arbeit diese Möglichkeit mit einbeziehen und mit möglichen Schwierigkeiten umgehen können:
„Irgendwas stimmt nicht; was mache ich jetzt? Ich denke, dass ich nochmals nachschaue, bis zu welcher Stelle alles fehlerlos verlief."

So oder ähnlich könnte das Kind mit sich selbst reden. Solche Strategien, mit Problemen umzugehen, ohne in Panik zu verfallen oder gar völlig frustriert aufzugeben, sind unverzichtbar. Auch diese Schritte lassen sich am besten im gemeinsamen Dialog mit dem Kind erarbeiten:

„Da muss etwas schief gelaufen sein, merkst du das auch? Das ist aber nicht weiter schlimm; bei mir klappt auch nicht immer alles auf Anhieb; was kannst du jetzt machen? ... Ja, das ist eine gute Idee; ... es könnte sein, dass das funktioniert, probier es mal aus."

Diese Dialoge müssen über viele Wochen hinweg geübt werden. Damit wird dem Kind geholfen, eigene Bewältigungsstrategien aufzubauen und zu festigen.

6. Schritt

Nach Beendigung der Aufgabe muss die Arbeit nochmals kontrolliert werden. Auch bei diesem Schritt empfiehlt es sich, die zu kontrollierenden Merkmale (worauf man besonders achten wollte oder etwas, das man schon früher falsch gemacht hatte) sprachlich bei jedem Vergleich langsam zu formulieren:
„Ich muss aufpassen, dass ich „+" und „–" nicht verwechsle; habe ich dies bei der ersten ... Aufgabe geschafft?"

Halten wir fest
Es ist für ein aufmerksamkeitsgestörtes Kind nicht einfach, das schrittweise Vorgehen zu erlernen. Es braucht dazu die Unterstützung der Erwachsenen. Die Eltern können den inneren Dialog des Kindes fördern bzw. anregen, indem sie mit ihm immer wieder in der beschriebenen Weise Problemstellungen bearbeiten. Durch häufiges Üben wird das Kind allmählich zu einer eigenen Problemlösungsstruktur gelangen können. Häufiges Üben bedeutet, möglichst oft in vielen unterschiedlichen Situationen in dieser Weise vorzugehen. Sehr wichtig ist es auch, dem Kind nach Ende seiner Bemühungen Anerkennung zu vermitteln, damit es mit sich selbst zufrieden ist. Es ist für Eltern nicht immer leicht, dem Kind in dieser Weise zu helfen. Es ist deshalb unter Umständen hilfreich, sich bei einer der in Kapitel 11 genannten Institutionen Unterstützung zu holen.

Besseres Arbeitsverhalten durch Wertevermittlung

Konzentriertes Arbeiten erfordert Disziplin und Verantwortlichkeit gegenüber einer Aufgabe.

Konzentriertes, ausdauerndes Arbeitsverhalten wächst auf dem Hintergrund entsprechender Werte. Disziplin und Verantwortlichkeit kommen dabei eine besondere Bedeutung zu. Kinder, die gelernt haben, dass sie Pflichten haben, dass sie sich anderen Menschen gegenüber verpflichtet, vielleicht sogar einer Idee verpflichtet fühlen, die ein angemessenes Maß an Disziplin beim Erledigen alltäglicher Aufgaben zeigen, werden auch weniger Probleme haben, schulische Aufgaben zu bewältigen.

Wie bereits in den vorausgegangenen Kapiteln beschrieben, ist die Entwicklung solcher Werthaltungen nicht selbstverständlich, sondern hängt sehr stark von den elterlichen Erziehungshaltungen ab.

Erstellen Sie für Ihr Kind eine Liste der zu erledigenden Aufgaben (Tages-, Wochenplan). Die Liste soll für alle sichtbar platziert werden. Legen Sie bei allen Aufgaben konkret fest, welche Qualität Sie erwarten. Überprüfen Sie täglich ob und wie die Aufgaben erledigt wurden. Sie können die Pflichterfüllung mit einem Belohnungssystem verbinden (siehe Seite 85). Sie sollten, da Belohnungen nach meiner Erfahrung rasch an Attraktivität verlieren, aber nicht zögern, das Gewähren von Annehmlichkeiten mit dem Ausmaß an Pflichterfüllung (getreu dem Motto „zuerst die Arbeit dann das Vergnügen") zu verbinden. Die Kinder müssen lernen, dass Annehmlichkeiten, gleich welcher Art nicht „vom Himmel fallen", sondern dass sie sie sich erarbeiten müssen.

Erwarten Sie nicht, dass all das, was Sie sich vorgenommen haben, in wenigen Wochen erledigt ist. Sie werden vielmehr viele Monate, ja sogar Jahre, konsequent daran arbeiten müssen.

10. Kapitel

Hausaufgaben ohne Stress

Damit Hausaufgaben nicht zum täglichen Problem werden, wird eine geeignete Arbeitsumgebung geschaffen. Das Kind muss lernen, selbstständig zu arbeiten.

Die richtige Vorbereitung

Hausaufgaben sind für ein aufmerksamkeitsgestörtes Kind in der Regel ein sehr großes Problem und häufig mit erheblichen Konflikten zwischen Eltern und Kind verbunden. Denn das Erledigen der Hausaufgaben gerät oft mit anderen, attraktiveren Tätigkeiten in Konflikt. Freunde warten, rufen an oder klingeln, um das Kind zum Spielen abzuholen; Fernsehen und Computerspiel locken. Wie soll sich das Kind da konzentrieren?

Andere Kinder sitzen den halben Nachmittag vor den Hausaufgaben, träumen vor sich hin, trödeln herum – und bringen nichts zustande. Wieder andere vergessen regelmäßig einen Großteil der Hausaufgaben, weil sie meinen, gar nichts aufzuhaben.

Doch auch hier kann man durch einige grundlegende Strukturierungen Abhilfe schaffen.

Hausaufgabenheft führen

Aufmerksamkeitsgestörte Kinder bekommen in der Schule oft gar nicht mit, welche Hausaufgaben es gibt. Sie sind entweder zu unruhig, lassen sich leicht ablenken, beschäftigen sich mit anderen Dingen oder sie sind zu verträumt, hängen ihren Gedanken nach und bekommen nicht mit, was im Unterricht abläuft und gefordert wird. Deshalb sollten sie ein Hausaufgabenheft führen und die Hausaufgaben immer aufschreiben.

Falls Ihr Kind dies nicht eigenverantwortlich tut, bitten Sie den Lehrer, darauf zu achten, dass Ihr Kind seine Hausaufgaben immer notiert.

Die Arbeitsumgebung

Ein aufmerksamkeitsgestörtes Kind sollte seine Hausaufgaben nicht im Wohnzimmer, Esszimmer oder in der Küche, sondern im eigenen Zimmer machen. Denn in anderen Bereichen gibt es zu viele Ablenkungsmomente. Oft sind andere Personen anwesend, es läuft das Radio oder gar das Fernsehen. Es gibt nicht wenige Kinder, die ihre Hausaufgaben sogar vor laufendem Fernseher erledigen wollen.

Das Kind sollte die Hausaufgaben in seinem eigenen Zimmer machen.

Wenn das Kind die Hausaufgaben in unmittelbarer Nähe der Mutter macht, besteht außerdem die Gefahr, dass es beim Auftreten geringster Schwierigkeiten auf sie zurückgreift und ihre Hilfe verlangt. Die Mutter ist leicht verfügbar und wird deshalb schnell und oft genutzt. Gerade das soll aber verhindert werden. Das Kind soll vor allem lernen durchzuhalten, wenn etwas nicht sofort gelingt. Es muss lernen, Mühe aufzuwenden, um zum Ziel zu gelangen. Es geht dabei nicht darum, dem Kind Hilfe zu versagen, sondern ihm so zu helfen, dass Selbstständigkeit und Eigenverantwortlichkeit wachsen.

Setzen Sie deshalb durch, dass Ihr Kind seine Hausaufgaben in seinem Zimmer oder in einem Zimmer, in dem es allein arbeiten kann, macht.

Ein ruhiger Arbeitsplatz

Dem Arbeitsplatz des Kindes kommt eine besondere Bedeutung zu. Er stellt eine wesentliche Voraussetzung für erfolgreiches schulisches Arbeiten dar. Er sollte den Bedürfnissen des Kindes angepasst sein und das Kind sollte sich an diesem Platz wohl fühlen.

Der Arbeitsplatz Ihres Kindes sollte möglichst wenig Ablenkungsmöglichkeiten aufweisen.

Einige grundlegende Bedingungen müssen dabei erfüllt sein:

- Der Arbeitsplatz sollte hell sein, aber nicht unbedingt die Möglichkeit bieten, zum Fenster hinauszuschauen.

- Schreibtisch und Sitzgelegenheit müssen der Größe des Kindes angepasst sein.

- Der Arbeitsplatz sollte ein Mindestmaß an Ordnung bieten. Wenn erst langwierige Suchaktionen erforderlich sind, bis wichtige Unterlagen gefunden werden, entsteht schon Frust, bevor die eigentliche Arbeit beginnt.

- Spielsachen und Unterlagen, die das Kind zum Erledigen der Hausaufgaben nicht braucht, sollten am besten vom Tisch entfernt werden.

- Wichtige Arbeitsmaterialien (Stifte, Lexika, Taschenrechner usw.) sollten rasch verfügbar sein.

- Empfehlenswert ist das Führen eines Terminkalenders, in dem das Kind seine Termine (z. B. Klassenarbeiten, Abgabetermine für Hausaufgaben, Klassenausflüge, aber auch private Termine) festhalten kann.

Regeln erleichtern das Lernen und Arbeiten

- Fernsehen oder Radiohören sind bei der Erledigung der Hausaufgaben verboten.

- Arbeitsblätter werden sofort eingeheftet.

- Nach der Erledigung der Hausaufgaben werden alle Materialien wieder an ihren Platz geräumt.

- Der Ranzen wird nach den Hausaufgaben für den nächsten Tag gepackt.

- Schaffen Sie mit Ihrem Kind ein bestimmtes Ordnungssystem zur Organisation seiner Arbeitsmaterialien für die verschiedenen Unterrichtsfächer.

- Und schließlich: Achten Sie konsequent darauf, dass erst dann Kinder zum Spielen kommen, wenn die Hausaufgaben erledigt sind.

Ihr Kind wird diese Regeln und Vorschläge nicht aus eigenem Antrieb einführen oder umsetzen. Sie müssen es vielmehr dazu veranlassen und es eine Zeit lang dabei begleiten, d. h. mit ihm die Einhaltung der Veränderungen sicherstellen. Vermeiden Sie dabei Vorwürfe. Formulieren Sie die Veränderungen zunächst als gemeinsame Aufgabe („wir müssen jetzt noch …"). Die Hauptlast der Durchführung liegt allerdings immer beim Kind. Sie verhelfen Ihrem Kind so zu einer gewissen Disziplin. Seien Sie aber nicht verärgert, wenn Ihre Bemühungen nicht auf Gegenliebe stoßen. Bis Ihr Kind alle Regeln für sich selbst übernommen hat, ist einige Zeit erforderlich (wenige Monate bis ein Jahr oder länger).

Selbstständig arbeiten lernen

Unterstützen Sie Eigenverantwortung und den Umgang mit Problemen.

Bevor Ihr Kind mit seinen Hausaufgaben beginnt, sprechen Sie gemeinsam durch, was es alles zu erledigen hat. Dabei schaut es sich die Aufgaben in Ihrer Anwesenheit an und beurteilt, ob es sie allein bewältigt oder ob es Verständnisprobleme gibt. In diesem Fall helfen Sie ihm, die Aufgaben zu verstehen. Wenn keine Verständnisprobleme mehr bestehen, setzt sich das Kind in seinem Zimmer an die Aufgaben. Probleme, die nun noch auftreten, soll das Kind selbstständig nach eigenem Ermessen lösen, auch wenn es dabei mal einen Fehler macht. Entscheidend ist, dass es diese Anstrengung selbstständig unternimmt. Wenn Ihr Kind trotz der Abmachung, nun selbstständig zu arbeiten, immer wieder um Hilfe bittet, klagt oder gar weint, gehen Sie darauf möglichst nicht ein. Machen Sie ihm Mut und verweisen Sie auf die Regel.

Es wird weder Ihnen noch Ihrem Kind leicht fallen, diese Regel konsequent einzuhalten. Doch es ist unverzichtbar, konsequent in den Forderungen zu bleiben. Erwarten Sie nicht, dass alle Probleme in wenigen Tagen gelöst sein werden.

Hausaufgaben dienen vor allem der Vertiefung und Festigung des in der Schule gelernten Stoffes. Wenn Sie feststellen, dass Ihr Kind beim Lösen der Hausaufgaben wiederholt oder ständig Verständnisprobleme hat, empfiehlt es sich, mit dem Lehrer zu sprechen oder sich an eine der in Kapitel 11 genannten Institutionen zu wenden, um die Ursachen dieser Probleme zu klären.

Hausaufgaben sollten in der Schule vom Lehrer kontrolliert werden.

Hausaufgaben müssen nicht immer vollkommen richtig sein. Sie stellen für die Lehrer eine Rückmeldung dar. Deshalb ist es auch ideal, wenn sie in der Schule überprüft werden.

Bevor Sie Ihr Kind zum selbstständigen Erledigen der Hausaufgaben anleiten wollen, sprechen Sie nach Möglichkeit mit seinem Klassenlehrer. Er sollte über Ihr Vorhaben informiert sein. Er muss wissen, warum die Hausaufgaben des Kindes gelegentlich einmal unvollständig oder falsch sein können. Es muss aus diesem Grund auch sichergestellt sein, dass die Hausaufgaben in der Schule kontrolliert und korrigiert werden.

Dieses selbstständige Arbeiten stärkt die Eigenverantwortlichkeit und somit auch die Konzentration und Ausdauer des

Kindes. Lehrer begrüßen in aller Regel eine solche Erziehung. Auch sie werten die Eigenverantwortlichkeit im Umgang mit den Hausaufgaben als wichtiges Erziehungsziel.

Lehren Sie Ihr Kind Eigenverantwortung und Selbststeuerung beim Umgang mit Hausaufgaben.

Falls eine Kontrolle der Hausaufgaben in der Schule nicht möglich sein sollte oder das Kind sehr viele Fehler macht bzw. seine Selbststeuerung zu gering ist, empfiehlt sich eine Kontrolle durch die Eltern. Teilen Sie Ihrem Kind nach Durchsicht seiner Arbeit mit, wie viele Fehler es gemacht hat (also nicht genau welche Fehler). Sie können Ihrem Kind anfangs die Fehlersuche etwas erleichtern, indem Sie den Fehlerbereich eingrenzen und ihm z. B. mitteilen, dass sich die Fehler in der ersten Texthälfte oder den ersten vier Zeilen usw. befinden. Je nach Fortschritt Ihres Kindes können Sie den nach Fehlern abzusuchenden Bereich beliebig vergrößern. Durch diese Vorgehensweise tragen Sie zum Erwerb von Eigenverantwortung und Selbststeuerung bei. Das Kind lernt dadurch, dass in Folge seines unkonzentrierten Verhaltens Mehrarbeit zu leisten ist, die von ihm selbst und nicht von den Eltern zu erledigen ist.

Kinder, die sehr langsam sind, ihre Arbeiten ständig unterbrechen oder sich mit anderen als schulischen Inhalten beschäftigen, stellen für die Eltern ein besonderes Problem dar. Eltern berichten, dass diese Kinder, wenn man nicht ständig „hinterher ist", gar nichts tun und sich so die Erledigung der Hausaufgaben über Stunden hinzieht, meist verbunden mit viel Ärger für alle Beteiligten. In diesen Familien hat sich häufig schon von Schulbeginn an ein letztlich sehr stabiles Kommunikationsmuster zwischen den Beteiligten entwickelt. Die Ursachen dieser Entwicklung sind in den jeweiligen Familien unterschiedlich, haben aber vermutlich damit zu tun, dass Eltern den Kindern helfen möchten, in der Schule zu bestehen. Sie sind in Sorge, ihr Kind könnte das erwartete Bildungsziel nicht schaffen. Auch können sie es schlecht aushalten, dass das Kind enttäuscht ist, weil ein Leistungsergebnis nicht wie erwartet ausgefallen ist. Sie

Kinder sollen lernen, selbstständig mit Problemen umzugehen.

möchten ihm Misserfolge ersparen. Deshalb investieren sie viel Zeit für schulische Inhalte, üben mit dem Kind, wissen über Klassenarbeiten besser Bescheid als das Kind selbst. Manchmal haben Kinder auch tatsächlich Schwierigkeiten den schulischen Stoff zu beherrschen. Dies verstärkt dann meist die Sorgen der Eltern. Die Kinder haben es im Verlauf der Jahre nicht gelernt, sich selbstständig mit auftretenden Problemen auseinanderzusetzen, sie haben Angst zu versagen oder schlicht keine Lust, sich mit diesen eher langweiligen Dingen zu beschäftigen, wenn doch viel attraktivere Beschäftigungen warten. Für Eltern und Kinder wird es wichtig sein, die beschriebenen Gefühle auszuhalten. Aber nur die Eltern sind in der Lage, diesen Kreislauf zu durchbrechen.

Setzen Sie Ihrem Kind eine Zeitgrenze, innerhalb derer es die Aufgaben erledigt haben muss. Wenn es trotz der weiter oben beschriebenen Vorgehensweisen in der vorgegebenen Zeit nicht fertig wird, sollten Sie die Hausaufgaben beenden und das Kind mit dem, was es bis dahin geschafft hat, in die Schule schicken. Der zuständige Lehrer soll dann – Sie müssen selbstverständlich zuvor mit ihm über Ihr Vorgehen sprechen – entsprechend reagieren (Kritik, Nachsitzen usw.). Das Kind soll erfahren (als natürliche Konsequenz) welche Folgen sein Verhalten hat. Sie sollten ihm, auch wenn es Ihnen Leid tut, dieses Stück Realität nicht ersparen. Ihr Kind wird sich in der Folge mit großer Wahrscheinlichkeit sehr um eine Veränderung bemühen.

Es kommt bei jeder Veränderung wesentlich darauf an, sich konsequent um die Umsetzung des gesetzten Ziels zu bemühen. Nur so können Sie etwas bewegen. Es ist empfehlenswert, auch hier die Bemühungen täglich zu protokollieren, damit dieses wichtige Ziel nicht aus den Augen gerät.

11. Kapitel

Therapeutische Maßnahmen und Beratungsstellen

Wenn die häuslichen Veränderungen zur Verbesserung der Konzentration nicht ausreichen, kann man bei verschiedenen Institutionen Unterstützung erhalten. Oft hilft schon das Erlernen einer Entspannungsmethode weiter.

Entspannungsmethoden

Entspannungsmethoden für Kinder erfreuen sich seit einigen Jahren großer Beliebtheit. Gerade für Kinder mit Konzentrationsproblemen verspricht man sich davon eine Hilfe. Das bekannteste und am häufigsten angewandte Verfahren bei Kindern und Jugendlichen ist das „autogene Training“ (AT). Daneben gibt es eine Vielzahl anderer Methoden von Stilleübungen über Atemübungen bis hin zu Muskelentspannung und Yoga.

Es lohnt sich sicherlich, mit einem unkonzentrierten Kind eine Entspannungsmethode zu erlernen. Kurse, auch speziell für Kinder, werden von Volkshochschulen und anderen Institutionen angeboten.

Autogenes Training

Regelmäßiges autogenes Training fördert die Konzentrationsfähigkeit eines Kindes.

In den letzten Jahren konnte in einigen Untersuchungen gezeigt werden, dass nicht nur unkonzentrierte, sondern auch hyperaktive Kinder vom autogenen Training (AT) profitieren. Beim AT handelt es sich um eine übungsorientierte Methode, bei der auf autosuggestivem Weg Ruhe und Entspannung eingeübt werden. Diese Selbstbeeinflussung erfolgt mit Hilfe von „Formeln“ (z. B. „mein Arm ist ganz schwer“) und hat vor allem körperliche Zustände wie Schwere, Wärme und ruhige Atmung – also allesamt Aspekte von Ruhe und Entspannung – zum Gegenstand. Die Kurse umfassen in der Regel 10 bis 15 Sitzungen über zwei bis vier Monate. Mit der wöchentlichen Therapiesitzung ist es nicht getan. Die Familiensituation sollte erlauben, dass täglich zwei- bis dreimal jeweils etwa fünf Minuten zur Verfügung stehen, um das in der Therapiesitzung Erlernte zu vertiefen und zu festigen. Ohne Unterstützung der Eltern ist dies kaum möglich. Am besten übt ein Elternteil mit.

Manche Therapeuten beschränken sich in ihrem methodischen Vorgehen auf die reine Autosuggestion, andere verbinden die Übungen mit kindgerechten Geschichten, Phantasiereisen oder Märchen. Eine Entscheidung darüber, welche Methode effektiver ist, kann zurzeit nicht getroffen werden, da keine entsprechenden Untersuchungen vorliegen

Das autogene Training kann eine wichtige Hilfe bei der Verbesserung der Konzentration Ihres Kindes darstellen. Wichtig ist allerdings ein qualifizierter Therapeut. Wenden Sie sich an Ihren Kinderarzt. Er kann Ihnen bei der Suche helfen. Häufig werden entsprechende Kurse auch von Krankenkassen oder Volkshochschulen angeboten, sodass Sie dort nachfragen können. Sie dürfen aber, wie bei vielen anderen Maßnahmen, nicht davon ausgehen, dass sich alle Probleme durch die Teilnahme Ihres Kindes am Kurs von selbst auflösen. Das autogene Training kann nur langfristig wirksam werden; es erfordert Geduld und einen täglichen Trainingsaufwand. Ohne dieses Üben ist kaum eine Veränderung zu erwarten. Bevor Sie Ihr Kind zu einem Kurs anmelden, sollten Sie also genau prüfen, ob Sie diese Übungsbedingungen in Ihrer Familie schaffen können.

Das autogene Training sollte außerdem immer durch andere Maßnahmen, insbesondere eine Elternberatung, unterstützt werden.

Medikamentöse Behandlung

Bei Kindern mit der klaren Diagnose „Aufmerksamkeitsdefizitstörung" kann eine medikamentöse Behandlung hilfreich sein.

Die medikamentöse Therapie von Konzentrationsstörungen im Rahmen der Diagnose „Aufmerksamkeitsdefizitsyndrom" (siehe Kapitel 7) ist in den letzten Jahren ein wichtiger Bestandteil der Behandlung geworden. Die größte Bedeutung hat die Thera-

Mit Stimulantien gegen ADS

pie mit Stimulantien (z. B. Ritalin, Mediknet). In den USA gibt es schon seit etwa 60 Jahren Erfahrungen in der Behandlung. Es sind insbesondere Aufmerksamkeitsstörungen, Überaktivität, Impulsivität und Aggressivität, die sich durch Stimulantien oft deutlich reduzieren lassen. Teilweise wurden auch Verbesserungen in Lern- und Leistungsbereichen festgestellt.

Wirkungsweise

Die Medikamente bewirken meist eine deutliche Verringerung des unruhigen Verhaltens. Die betroffenen Kinder verhalten sich in vielen Lebensbereichen kontrollierter. Sie können länger und besser arbeiten. Sie sind sozial umgänglicher. Oft führen diese Veränderungen auch zu einer Entspannung in der Beziehung zwischen Eltern und Kind.

Stimulantien wirken ca. drei bis vier Stunden. In der Regel werden sie mehrmals am Tag entsprechend der vom Arzt festgelegten Dosis gegeben.

Nebenwirkungen

Kein wirksames Medikament ist ohne Nebenwirkungen. Auch Stimulantien haben Nebenwirkungen, die allerdings eher gering und mild ausfallen. In Untersuchungen konnte festgestellt werden, dass Kinder, die mit Stimulantien behandelt wurden, häufig über Appetitstörungen klagen, dass Einschlafstörungen auftreten, dass sie häufiger über Bauch- und Kopfschmerzen klagen und dass bei einigen Kindern auch nervöse Bewegungen bzw. Tics auftreten. Die in früheren Untersuchungen angegebenen möglichen Wachstumsstörungen haben sich in neueren Erhebungen nicht mehr bestätigen lassen. Die Zahl der Kinder, bei denen erhebliche Beeinträchtigungen durch eine Stimulantienbehandlung beobachtet wurde, ist sehr gering. Auch die von Eltern häufig geäußerte Angst, dass ihr Kind durch diese Behandlung später vielleicht in eine Abhängigkeit von den Medikamenten geraten oder drogenabhängig werden könnte, hat sich in einer Vielzahl von Untersuchungen nicht bestätigen lassen.

Der Einsatz von Stimulantien ist nicht unumstritten. Es gibt Ärzte, die sie recht großzügig, ohne intensive Diagnostik, verschreiben, während es andere Fachleute gibt, die ihren Einsatz wesentlich kritischer sehen und vor einem uneingeschränkten Gebrauch warnen. Es ist in jedem Fall empfehlenswert, dass sich die Eltern vom Arzt ausführlich informieren lassen und evtl. auch das Gespräch mit anderen betroffenen Eltern suchen.

Der Gebrauch von Stimulantien wird kontrovers gesehen.

Wann ist eine medikamentöse Behandlung angeraten?

Stimulantien führen bei vielen aufmerksamkeitsgestörten Kindern zu erheblichen Veränderungen und sollte deshalb bei einer Veränderungsplanung immer als therapeutische Möglichkeit in Betracht gezogen werden. Eine medikamentöse Behandlung wird meist dann empfohlen, wenn andere Veränderungsmaßnahmen erfolglos waren und/oder die Verhaltensauffälligkeiten (Konzentration und/oder das Sozialverhalten) des Kindes so schwerwiegend sind, dass seine Entwicklung, z. B. durch massives Schulversagen, oder seine soziale Integration erheblich beeinträchtigt ist oder das Familienklima durch das Verhalten des Kindes unerträglich geworden ist bzw. Bezugspersonen erheblich belastet sind. Die medikamentöse Behandlung sollte begleitend immer durch eine Erziehungsberatung oder durch andere therapeutische Maßnahmen unterstützt werden. Eine regelmäßige medizinische Überwachung ist unerlässlich.

Zusätzliche Hilfsangebote und Beratungsstellen

Das mangelnde Konzentrationsvermögen eines Kindes wird in der Regel dann zum Problem, wenn die Schulleistungen ungenügend sind. Wenn ein Kind die Anforderungen Schule nur unzureichend erfüllen kann oder Gefahr läuft zu scheitern, sollte zunächst unbedingt eine ausführliche Diagnostik stattfinden. Je nach Art der Probleme eines Kindes wird diese Einschätzung medizinische, emotionale und familiäre Aspekte einbeziehen sowie das Verhalten (motivational und auch intellektuell) berücksichtigen.

Der Beratungslehrer

Bei anhaltenden Problemen des Kindes sollte zunächst ein Gespräch in der Schule stattfinden.

Wichtig ist zunächst, sich ein klares Bild über die intellektuellen Möglichkeiten des Kindes, über seine Arbeitshaltung, seine Leistungsbereitschaft, seine Ausdauer und Konzentration zu verschaffen. Sprechen Sie zunächst mit dem Klassenlehrer bzw. der Klassenlehrerin. Gewinnen Sie einen Eindruck, wie die Lehrer die Möglichkeiten Ihres Kindes einschätzen. Vergleichen Sie diese Eindrücke der Lehrer mit Ihren eigenen. Manchmal ist es hilfreich, einen Beratungslehrer bzw. Schulpsychologen zur Klärung und Beratung hinzuzuziehen. Allerdings darf man von diesem Gespräch nicht die Lösung aller Probleme erwarten. Es stellt vielmehr einen ersten Schritt zum Verständnis der Schwierigkeiten des Kindes dar. Dabei erhalten Sie Hilfestellung für die weitere Vorgehensweise.

Bildungsberatungsstellen

Findet man innerhalb der Schule zu keiner Klärung, kann das Kind bei einer Bildungsberatungsstelle vorgestellt werden. In diesen Einrichtungen bestehen alle Möglichkeiten der Diagnostik und durch die enge Kooperation zur Schule auch Möglichkeiten, die Vorschläge für eine Veränderung in die Schulen hineinwirken zu lassen. Bildungsberatungsstellen bieten oft auch Hilfen bei der Therapie von Teilleistungsstörungen an oder können an kompetente Therapeuten weitervermitteln.

Bildungsberatungsstellen helfen außerdem bei der Entscheidung für weiterführende Schulen und bieten teilweise auch Programme zur Verbesserung des Arbeitsverhaltens an. Die Beratung ist kostenlos.

Erziehungsberatungsstellen

Eine Alternative zur Bildungsberatungsstelle stellen Erziehungsberatungsstellen bzw. psychologische Beratungsstellen für Eltern, Kinder und Jugendliche dar. Auch dort erfahren Sie kompetente Hilfe bei der Klärung der intellektuellen Möglichkeiten Ihres Kindes. Ein Schwerpunkt der Klärung und Beratung liegt in diesen Einrichtungen aber in der Unterstützung der Familie, d. h. in der Veränderung und Verbesserung psychischer Fertigkeiten der Familienmitglieder. Die Arbeit der Erziehungsberatungsstellen bezieht sich weniger auf das Training intellektueller Fertigkeiten. Wenn die Ursachen der Konzentrationsprobleme Ihres Kindes wesentlich mit Beziehungsproblemen in der Familie oder mit emotionalen bzw. Verhaltensproblemen Ihres Kindes zusammenhängen, sind Sie in einer Erziehungsberatungsstelle richtig. Die Beratungsstellen werden meist von den Kirchen oder den Gemeinden getragen. Ihr Angebot ist in der Regel kostenlos.

Wenn familiäre Konflikte bestehen oder das Kind unter psychischen Problemen leidet, wendet man sich am besten an eine Erziehungsberatungsstelle.

Sozialpädiatrische Zentren

Eine weitere Möglichkeit besteht darin, bei Problemen zunächst den Kinderarzt aufzusuchen. Er kann das Kind an ein Sozialpädiatrisches Zentrum verweisen. Dort gibt es Spezialisten aus sehr unterschiedlichen Fachgebieten (Ärzte, Sozialpädagogen, Psychologen, Logopäden, Krankengymnasten, Ergotherapeuten, usw.); dadurch besteht die Möglichkeit, die Probleme des Kindes sowohl aus medizinischer als auch aus psychologischer

Sicht zu betrachten und durch den Miteinbezug anderer Fachleute eine optimale Einschätzung der Schwierigkeiten zu erhalten. Gemeinsam wird man dort nach der richtigen Behandlung oder Förderung des Kindes suchen. Die Beratung bzw. Behandlung wird nach Überweisung durch einen niedergelassenen Arzt von der Krankenkasse getragen.

Dadurch, dass Kinder und Eltern oft mit verschiedenen Personen zu tun haben oder aus eigenem Antrieb unterschiedliche Experten zu Rate ziehen, kommt es nicht selten vor, dass sich deren Empfehlungen widersprechen. Oft werden Entscheidungen auch auf der Grundlage sehr unvollkommener Informationen abgegeben, sodass Kinder ohne ausreichende Diagnostik speziellen Behandlungen (z. B. Ergotherapie, Spieltherapie) zugeführt werden.

> Lassen Sie Ihr Kind bei Konzentrations- und Leistungsproblemen unbedingt von Fachleuten untersuchen, bevor Sie sich für eine Behandlung entscheiden. Sozialpädiatrische Zentren und Bildungsberatungsstellen bieten für eine umfassende Einschätzung der Probleme Ihres Kindes die besten Voraussetzungen. Vermeiden Sie es, Ihr Kind parallel bei verschiedenen Therapeuten oder Institutionen vorzustellen.

Es empfiehlt sich, mit einer Person Ihres Vertrauens (das kann Ihr Kinderarzt oder auch der Therapeut einer Beratungsstelle oder eine völlig andere Person sein) die jeweils nötigen Schritte der Diagnostik und Behandlung gemeinsam zu planen.

Wenn Sie sich für eine Behandlung entschieden haben, vereinbaren Sie mit dem Therapeuten klare Ziele. Legen Sie mit dem Behandler fest, was man wie verändern will und wann Sie mögliche Veränderungen überprüfen wollen.

12. Kapitel

Konzentrationsübungen

Üben muss nicht langweilig sein. Verschiedenste Aufgaben sorgen für Abwechslung.

Übungsaufgaben

In den vorangegangenen Kapiteln wurden Möglichkeiten der erzieherischen Beeinflussung der Konzentrationsfähigkeit aufgezeigt. Regelmäßige Übungen können, wenn sie im Alltag eingebunden werden, diese Erziehungsarbeit sinnvoll unterstützen.

Konzentrationsübungen fördern auch die Entwicklung von Teilleistungen.

Konzentrationsübungen müssen nicht unbedingt langweilig sein, wie Ihnen die folgenden Aufgaben zeigen werden. Interessante, lustige und spannende Texte, visuelle Aufgaben sowie Aufgaben, die die Kreativität und Phantasie anregen, sorgen für reichlich Abwechslung für Ihr Kind und machen das Üben fast schon zum Vergnügen. Nicht nur die Konzentration wird dadurch entsprechend gefördert, sondern zusätzlich wird die Entwicklung von weiteren Teilleistungen unterstützt wie z. B. Lesen, Schreiben, der Umgang mit Zahlen sowie die Feinmotorik.

Im Folgenden finden Sie verschiedene Beispiele für praxisnahe Konzentrationsübungen. Entsprechende Übungen können Sie auch selbst erstellen. Diese Übungen sind für Kinder geeignet, die bereits lesen können. Sie sind also frühestens ab Mitte der 2. Klasse einsetzbar.

Anhand des unter den Aufgaben aufgeführten Bewertungsmaßstabs können Sie die Fortschritte Ihres Kindes gut verfolgen. Bei den zu wertenden Aufgaben wird in der Einführung zur Aufgabenstellung, die Ihr Kind selbst lesen sollte, die Anzahl der Fehler, die gesucht werden sollen, genannt.

Teilen Sie nach Beendigung der Bearbeitung die Zahl der gefundenen Fehler durch die Anzahl der zu suchenden Fehler. Wenn Sie diese Zahl mit 100 multiplizieren, können Sie sehen, wie viel Prozent der Aufgaben Ihr Kind richtig gelöst hat.

Ein Beispiel

Ihr Kind soll in einem Text fünfzehn Fehler finden. Es findet aber nur dreizehn. Teilen Sie also 13 durch 15. Sie erhalten 0,86. Ihr Kind hat also 86 % der Aufgaben richtig gelöst bzw. 86 % der Fehler im Text gefunden.

Um die Motivation Ihres Kindes zu erhöhen, sollten Sie seine Fortschritte belohnen. Setzen Sie einen Maßstab fest, den Ihr Kind erreichen muss, um eine Belohnung (z. B. einen Stempel) zu erhalten. Ein Erfolg ist bereits gegeben, wenn Ihr Kind z. B. 85 % der Fehler gefunden oder 85 % der Arbeit richtig gelöst hat. Die Einschätzung ist dabei vom individuellen Leistungsstand des Kindes abhängig. Die Ansprüche dürfen anfangs nicht zu hoch gesteckt werden, denn das Kind muss eine Chance haben, das festgesetzte Ziel zu erreichen. Die Messlatte kann dann im weiteren Verlauf höher gelegt werden.

Am Ende der Übungsbeispiele finden Sie ein Wochenprotokoll zur Dokumentierung der Hausaufgaben und der Übungsaufgaben sowie Freiraum, um Ihre persönlichen erzieherischen Ziele übersichtlich darstellen zu können. Hinweise, wie Sie den Erfolg Ihrer Bemühungen dokumentieren können, finden Sie in den vorangegangenen Kapiteln.

1. Übungsaufgabe

Die Schreibmaschine funktioniert nicht richtig. Immer wieder druckt sie ein Zeichen in den Text, das dort nicht hingehört. Wenn du dir den Text genau anschaust, findest du 25 Fehler.

Gefunden

Peter will seinen Freund besuchen. Um dahin zu komm*en, muss er durch einen kleinen Park laufen. Er ist noch keine 500 m weit ge*laufen, als er plötzlich auf einer Parkbank etwas liegen sieht. Zuerst denkt er, es sei ein Stück Papier. Als er aber näher kommt, m*erkt er, dass es ein Geldschein ist. Er hebt den S*chein auf und sieht, dass es sich u*m einen 50-Euro-Schein handelt. Er ist ganz aufgeregt, als er den *Schein in der Hand hält. Das ist viel mehr, als er in einem halben Jahr an Taschengeld bekommt. Er schaut sich zunächst um, um zu sehen, ob irgen*djemand in der Nähe ist, dem der Schein gehören könnte. E*r sieht aber niemanden. Er steckt den Schein in seine Tasche und setzt seinen Weg fort. Al*s er bei seinem Freund angelangt ist, erzählt er ihm sofort von dem gefundenen Ge*ldschein. Unterwegs hatte er sich schon überlegt, was er mit diesem Geld alles anfangen könnte. Er möchte den Schein eigentlich gerne b*ehalten. Diese Idee finden aber sein Freund und vor allem seine Mutter überhaupt n*icht gut. Sie erinnern ihn daran, wie traurig derjenige is*t, der den Geldschein verloren h*at. Peter überlegt mit ihnen gemeinsam, was er tun kann, dam*it diese Person den Geldschein wieder zurück*erhalten kann. Er be*schließt, den Schein zum Fundamt zu b*ringen. Gleich am nächsten Tag geht er zum Fundbüro. Dort gibt er den Schein ab und erfährt, d*ass er das Geld behalten darf, wenn sich innerha*lb eines Jahres niemand meldet, der den Schein v*erloren hat. Und wirklich, e*twa ein Jahr später bekommt er einen Brief vom Fundamt. Es hat sich niemand gemeldet, dem das Geld gehö*rt. So kann Peter nu*n doch das Geld, das er g*efunden hatte, behalten.

Prozent richtiger Lösungen: ☐

2. Übungsaufgabe

Übertrage die Buchstaben der ersten Tabelle genau in die zweite Tabelle.

M		H		E			
			K		K		S
	F	K		L			
J				P	P	L	
	T		D				E
		T		N		O	
U			A		G		D
		W				H	

Prozent richtiger Lösungen: ☐

3. Übungsaufgabe

Heiko hätte im folgenden Text alle Tunwörter (Verben) unterstreichen sollen. Da er sich aber noch nicht so gut auskennt, hat er auch einige andere Wörter unterstrichen. Wenn du genau hinschaust, findest du 20 Fehler, also Wörter, die gar keine Tunwörter sind. Er hat zwar auch einige Tunwörter nicht unterstrichen, aber darauf brauchst du nicht zu achten.

Vater und Sohn

Herr Müller arbeitete im Garten vor seinem Haus. Er wollte gerade Blätter zusammenkehren die der erste Herbstwind von den Bäumen geweht hatte. Als er von seiner Arbeit aufsah, entdeckte er seinen Sohn Peter. Er zog gerade schwer an einem Seil, um einen Gegenstand aus dem Haus zu schaffen. Dieses Seil ragte ins Hausinnere; aber Herr Müller konnte nicht sehen, woran dieses Seil festgebunden war.
Er dachte sich: „Ich muss Peter, wenn er sich schon so sehr anstrengt, doch unbedingt helfen."
Er sah Peter zunächst eine Weile zu, wie er sich abmühte. Dann entschied er sich, ihm zu helfen.
Er sagte zu ihm: „Lass mich doch mal, ich glaube, ich bin etwas stärker als du. Vielleicht kann ich dir helfen."
Gesagt, getan. Herr Müller fasste das Seil an und zog mit aller Kraft daran. Er zog und zog und plötzlich kam Bewegung in das Seil und ein großer Schrank fiel mit viel Gepolter aus dem Fenster und krachte dann auf den Boden. Jetzt erst konnte er sehen, was er da selbst angerichtet hatte. Sein Dielenschrank, der ihm bisher immer so viel Freude bereitet hatte, war aus dem Fenster gefallen und lag jetzt stark beschädigt vor dem Haus. Als er sah, was ihm sein Sohn für einen Streich gespielt hatte wurde er sehr wütend. Er schrie Peter an und rannte diesem, der sich rechtzeitig aus dem Staub gemacht hatte, tobend hinterher.

Prozent richtiger Lösungen: ☐

4. Übungsaufgabe

Beim Kopieren der beiden Tabellen sind 15 Fehler gemacht worden. Vergleiche beide Tabellen genau.

M		H			A		
			K		K		S
	F	f		L		a	
J				P	P	L	
	T		r				E
		T	w			m	
U			A		G		D
Z		W		e		H	

M		H			A		
			f		K		W
	F	f		L		a	
J					p	t	
	T		r				e
S		T	w		Q	m	
U		Ä	a		G		d
Z	Y	W	R	E		h	U

Prozent richtiger Lösungen: ☐

5. Übungsaufgabe

Im diesem Text sind beim Schreiben 15 mal mitten im Wort große Buchstaben reingerutscht. Schreibe diese Buchstaben auf.

Das alte Haus

In den Herbstferien waren Peter und Karin bei ihrer Tante zu BesuTch. Das Haus, das neben dem Haus ihrer Tante stand, sollte abgerissen werden. Die Tante hatte das gleich, nachdem sie angekommen warCen, erzählt. Es standen auch schoOn schwere Geräte vor dem HaUus, damit die Arbeiter am nächsten Tag gleich anfangen konnten. Die beiden Kinder wollten sich am Abend noch einmal in dem alten Haus umsehen. Vielleicht war ja etwas dorMt zurückgeblieben, was sie für sich selbst verwenden konnten, z. B. etwas zum BastePln oder irgendwelche Spielsachen. Peter wollte seine Schwester zuerst mitnehmen, doch sie hatte Angst. Also machte sich Peter allein zu dem Haus auf. Es war schon recht dunkel, sodass er eine Taschenlampe mitnehmen musste. Er ginNg rasch zu dem Haus hinüber und schlich durch die offene Hintertür hinein. Zunächst suchte er im unteren Stock nach etwas BrauchbarEem. Er fand aber nichts. Dann ging er in den Keller. Dort roch es modrig und es wurde ihm immer unheimlicher. Gerade als er auf der vorletzten Treppenstufe war, hörte er etwas rascheln. Peter bliReb stehen und hielt den Atem an. Zunächst hörte er nichts mehr, aber dLa war das Geräusch wieder. Es hörte sich aSn, als würde jemand Papier zusammeEnknüllen. Peter war starr vor Angst, traute sich dann aber doch, weiterzugehen. Er nahm seinen ganzen Mut zusammen, knipste die Taschenlampe an und hielt sie in die Richtung, aus der er das Geräusch hörte. Im Lichtkegel der Taschenlampe sah er zwei große Ratten, die offensichtlich in einer KisSte, die hier abgestellt war, nach etwas Fressbarem suchten. Obwohl diese Tiere eigentlich Menschen nichts tun, erschrak Peter beim Anblick dieser bEeiden Tiere so sehr, dass ihm die Taschenlampe aus der Hand fiel. Er verließ fluchtartig den Keller und rannte nach Hause. Als er im Haus seiner Tante angekommen war, beruhigte er sich langsam wieder. Er war froh, wiePder zu Hause zu sein und schwor sich, nie wieder in fremde alte Häuser zu gehen.

Prozent richtiger Lösungen:

6. Übungsaufgabe

Barbara war in Eile. Deshalb sind ihr beim Schreiben dieses Textes immer wieder Fehler unterlaufen, weil sie auf die falsche Taste geraten (geriaten) ist. Sie möchte die Geschichte aber in der Schule abgeben. Hilf ihr, die 15 Fehler zu finden.

Das stoilze Mädchaen

Als der große Zauberer Maladin noch auf Erden wandelte, kam er einmal an einem Haus vorbei, aus dem ein stolzes Mädchen herausschaiute. Der Durst paockte ihn und er bat es um einen Trunk Wasser. Aber spöttisch wies es ihn von dler Tür und sagte: „Geh vom Fenstier weg, denn mein Bräutigam wird bald vorbei kommen, und du versperrst mir die Ausüsicht."

Da warf Maladin einen schmerzlichen Blick gegen den Himmel und ging zum Nachbarhaus weiter. Als aber kurze Zeit später der Bräutäigam an das Haus des schönen Mädchens kam, fand er es nicht mehr, so sehr er auch suchte. Doch vor der Täür des Hauses am Weg stand eine schlpanke, hochstängelige Bülume, wie etr sie nie zuvor gesehen hatte und schaufte ihn gar seltsam traurig mit ihrem blauen Blumenauge an. Maladin hatte das Mädchen wegen ihres Hochmuts vgerzaubert. Sie mussate nun fortan bis ans Ende der Welt an dem Wegesrand stehen und warten, bis sie durch einen hilfsbereiten Menschen erlöst wernden konnte.

Prozent richtiger Lösungen:

7. Übungsaufgabe

Buchstabenlabyrinth

Ordne die Buchstabenkärtchen an den Fäden dem jeweiligen leeren Kästchen zu. Du erhältst dann einen guten Rat, den du unbedingt beherzigen solltest.

8. Übungsaufgabe

Buchstaben suchen

Suche im folgenden Buchstabenblock nach der Kombination HR. Unterstreiche alle HR, die du findest.
Es sind 53 Kombinationen.

Beispiel: RLHRQGFRTGFHRÖGFFHRCTIBMAWDGFFHR

HRGLPOKWHRQHWURPOZPUCPFJSHRGFIGKÖZUKHRIO
PUJRGHRGWTAXDJGHRLEÜTÄCSXHRMÜPÄGFHRJUW
HQSHJFKSAAHRFMGLKTOEFOWUWHRPONEIHRQWEGF
THHRHSJSGFOIEPGFJSGFRIVPODFGSKPZWEVNKKHGFL
ZOSCHRÄÖLKMHQAYGHRDERIUTHRFHKLÖNMHRTREGQ
KHRGLKTOEFHRÜWPGFRSTUHRAKGFHRLKTOEFOWÜR
TEDSHJFKAHRFHRFJSGFLHROFOWÜHRGPONEISUQWEL
THKBRSIBHROZKHOLHRFRSTUBHRFRSTUBMLKPHRWES
DGFUIKLGPHRNBVTEWHRJMNVFHRJRSIWJZOVHRFKQ
OJSRHRFTRSGHRGWTAXGFDJHRHLEÜTHRSXVBHRGP
ÄGFPRHRSGWTAXHRDJGRLEÜTÄGHRVÜPÄGFPFSGW
TAXDJGHLEÜTHRFVBMÜPFPRGFSGAXDHRGHGFLEÜ
TÄHRXVBMGPÄHRPRGFHRGWTAXDJGHLETÄÖVBMÜPÄ
GFPRGFHRRTHRKDJGHLETGFSXHRMPFPHRFRTESWCV
PUJRGHRGWTAXDJGHRLEÜTÄCSXHRMÜPÄGFHRJUW

Prozent richtiger Lösungen: ☐

9. Übungsaufgabe

Die richtige Hausnummer

Welche Hausnummer gehört zu welchem Haus? Verfolge die einzelnen Wegstrecken nur mit den Augen. Wenn du am jeweiligen Ziel angelangt bist, schreibe in das leere Feld die entsprechende Hausnummer.

10. Übungsaufgabe

Zahlen im Setzkasten

Im Setzkasten sind die Zahlen von 1–51 untergebracht. Suche möglichst schnell die Zahlen der Reihe nach.

Wenn du willst, kannst du nun die Zahlen auch noch mit einem Stift verbinden.

Lösungen:

S. 119: Training macht fit

S. 121: A3, B4, C2, Dl

Wochenprotokoll

Hausaufgaben

	Mo	Di	Mi	Do	Fr	Sa
Unaufgefordert begonnen						
Im eigenen Zimmer erledigt						
In angemessener Zeit fertiggestellt						
Qualität						

Übungsaufgaben

Übungsaufgabe Nr.:
Prozent der richtigen Lösungen:
Eigene Beobachtungen:

Meine erzieherischen Ziele:

1.

2.

3.

4.

5.

6.

7.

8.

Anhang

Literatur und Trainingsprogramme

Weiterführende Literatur

Biermann, I.: Konzentration fördern mit Kindern von 5 bis 9 Jahren. Urania, 2003

Dohrn, A.: Mehr Lesekompetenz für mein Kind. Urania, 2005

Glaschke, S./Fitzner, A.: Entspannung für Kinder. Das Übungsbuch. Urania, 2004

Henning, M.: Autogenes Training für Kinder. Droemer Knaur, 2003

Hitzler, W./Keller, G.: Rechenschwäche: Formen, Ursachen, Förderung. Auer, 1999

Keller, G.: Lernen will gelernt sein: Ein Lerntraining für Schüler. Quelle und Meyer, 2003

Kruse, W.: Entspannung. Autogenes Training für Kinder. Deutscher Ärzte Verlag, 1994

Müller, E.: Auf der Silberlichtstraße des Mondes. Autogenes Training mit Märchen zum Entspannen und Träumen. Fischer, 1987

Neuhaus, C.: Das hyperaktive Kind und seine Probleme. Urania, 1999

Petermann, U.: Entspannungstechniken für Kinder und Jugendliche. Beltz, 2004

Schwarz, M.: Rechenschwäche? Wie Eltern helfen können. Urania, 1998

Stark-Städele, J.: Erfolgreich lernen bei ADS. Urania, 2005

Trainingsprogramme

Ettrich, C.: Konzentrationstrainings-Programm für Kinder. Band I (Vorschulalter); Band II (1. und 2. Klasse); Band III (3. und 4. Klasse). Vandenhoeck & Ruprecht, 2004

Hirschfeld, M.: Konzentrationstraining. Reha, 2000

Krowatschek, D./Albrecht, S./Krowatschek, G.: Marburger Konzentrationstraining, Kopiervorlagen-Mappe. Borgmann Publishing, 2004

Vater, H./Vater, W.: Konzentrationsspiele. Für Kinder im Vorschulalter. Reha, 2003

urania

Urania Elternratgeber

So fördern Sie Ihr Kind optimal!

Ingrid Biermann
Konzentration fördern
€(D) 9,90 sFr 18,50 €(A) 10,20
ISBN 978-3-332-01496-9

Birgit Fuchs
Spiele gegen Rechenschwäche
€(D) 12,90 sFr 23,90 €(A) 13,30
ISBN 978-3-7831-6076-5

Dr. Andreas Schulz
Praxisbuch Rechenschwäche
€(D) 14,90 sFr 26,90 €(A) 15,40
ISBN 978-3-332-01447-1

Antje Dohrn
Mehr Lesekompetenz für mein Kind
€(D) 12,95 sFr 23,80 €(A) 13,40
ISBN 978-3-332-01711-3